高等院校"十三五"教师技能系列规划教材

陶翠萍 ◇ 主编 ———— 郑雪岚 陈艳莲 ◇ 副主编

多媒体课件
设计与制作

视频指导版

U0740272

人 民 邮 电 出 版 社

北 京

图书在版编目（CIP）数据

多媒体课件设计与制作：视频指导版 / 陶翠萍主编
. -- 北京：人民邮电出版社，2018.1（2022.1重印）
高等院校"十三五"教师技能系列规划教材
ISBN 978-7-115-47762-0

Ⅰ．①多… Ⅱ．①陶… Ⅲ．①多媒体课件－高等学校
－教材 Ⅳ．①G436

中国版本图书馆CIP数据核字(2018)第011178号

内 容 提 要

本书系统地讲解了幼儿园教师在进行多媒体课件设计与制作中需要了解和掌握的相关知识点。全书共分为 6 章，全面介绍了幼儿园多媒体课件基础知识、收集与处理多媒体课件素材、PPT 演示型课件制作、Flash 动画型课件制作及微课型课件制作等内容。

本书以案例为导向讲解多媒体课件的制作方法，并辅以课后练习和拓展知识，让读者不仅可在学习的过程中快速上手，并且可降低学习难度。

本书可作为普通高等院校、职业院校学前教育专业多媒体课件制作课程的实用型教材，也可作为广大幼师培训机构的教学用书。

◆ 主　　编　　陶翠萍
　　副 主 编　　郑雪岚　陈艳莲
　　责任编辑　　古显义
　　责任印制　　马振武
◆ 人民邮电出版社出版发行　　北京市丰台区成寿寺路 11 号
　　邮编　100164　　电子邮件　315@ptpress.com.cn
　　网址　http://www.ptpress.com.cn
　　固安县铭成印刷有限公司印刷
◆ 开本：700×1000　1/16
　　印张：14.5　　　　　　　　2018 年 1 月第 1 版
　　字数：270 千字　　　　　　2022 年 1 月河北第 6 次印刷

定价：59.80 元

读者服务热线：(010)81055256　印装质量热线：(010)81055316
反盗版热线：(010)81055315
广告经营许可证：京东市监广登字20170147号

前言

学前教育是教育的重要一环。由于幼儿普遍具有年龄小、接受能力快、求知欲旺盛、注意力不容易集中等特点，给学前教育的教师带来了不少困难。在科技还不发达的过去，学前课堂教育一般采用传统的口述、绘画、写作等方式来实现。在计算机和网络高度发展的今天，学前教育的方式也有了更多的选择，如制作多媒体课件，通过投影仪、计算机，将需要教学的内容，以图片、声音、动画等形式结合起来展示，以更大限度地符合幼儿的特点，让教师容易教，学生容易学。

随着信息化的发展，多媒体教学已经成为学前教育非常重要的一部分。为了帮助学前教育专业的教师更好地掌握这一项技术，我们特别编写了本书。

本书内容实用

本书不仅仅讲解了多媒体制作的相关理论知识，更多的是讲解了如何更好地制作多媒体课件。全书共6章，主要包括如下4个部分。

- 多媒体课件制作基础（第1章和第2章）：主要讲解幼儿园多媒体课件设计和制作的相关理论知识，以及如何收集制作多媒体课件所需要的文字、图片、声音、视频、动画等素材。
- PPT演示型课件制作（第3章和第4章）：主要通过制作"植物有哪些部分""有趣的图形""小星星"等演示型课件，详细讲解PowerPoint 2010中添加对象、设置母版、设置动画、设置放映效果、在网上下载模板等PPT演示型课件制作的相关知识。
- Flash动画型课件制作（第5章）：主要通过制作"童趣森林""飞机起飞""青蛙跳"等Flash动画，详细介绍Flash CS6的基本操作、元件的绘制和创建、制作补间动画、制作遮罩动画、制作引导动画、使用脚本语言等相关知识。
- 微课型课件制作（第6章）：主要通过"认识数字"微课型课件的制作，详细介绍微课的概念、特征、常见分类、主要

前言

的制作方式，使用手机拍摄微课视频的方法和步骤，以及使用Camtasia Studio编辑微课的相关知识。

本书配套资源丰富

图书只是本书的纸质内容呈现，为了方便学习与教学，本书还提供了大量的配套资源。

（1）微课：本书所有操作讲解内容均已录制成视频，并上传至"微课云课堂"，读者只需扫描书中提供的各个二维码，便可以随扫随看，轻松掌握相关知识。

（2）素材、效果文件：收录了本书讲解中涉及的各个案例，课后练习的实例，对应的素材和效果文件。读者可以实时操练，也可以将其直接应用于幼儿教学。

（3）教学配套资源：为了更好地帮助教师教学，我们还提供了PPT教学课件、教案、模拟试题（纸质试卷、在线考试系统）、拓展资源（幼儿PPT模板、课件制作素材、Flash动画）等内容。

本书的素材、效果文件及教学配套资源，可以通过www.ryjiaoyu.com网站下载。

扫描封面上的二维码或者直接登录"微课云课堂"（www.ryweike.com）后，用手机号码注册，在用户中心输入本书激活码（9b403ecc），将本书包含的微课资源添加到个人账户，可获取永久在线观看本课程微课视频资源的权限。

本书的编者

本书由陶翠萍担任主编，郑雪岚、陈艳莲担任副主编。希望此书的出版，能帮助广大幼儿教师更好地利用多媒体技术进行教学。

编者

2017年10月

目录

目录

第1章
幼儿园多媒体课件概述

幼儿园课件的设计与制作是一项复杂的创造性劳动，既要考虑到课件是一种计算机软件，需要符合软件设计和制作的规范，能够适应计算机辅助教学环境的需要，保证课件能够正常运行；又要考虑到课件是为学前教育教学服务的，要符合幼儿园教学的要求，符合教学规律、幼儿学习规律等要求；同时，还要考虑到课件的艺术性，使课件具有整洁美观的界面、和谐一致的风格、生动活泼的形式，从而提高计算机辅助教学的效果。

1.1

幼儿园课件设计的理论基础

幼儿园教育是根据3～6岁幼儿的生理、心理发展的客观规律及其年龄特征而进行的教育活动，目的是促使其在德、智、体、美、劳等各方面得到和谐发展。因此，在设计幼儿园课件时要满足健康、积极、生动等特征。

1.1.1　现代学习理论在幼儿园课件设计中的应用

幼儿园的课件设计要以计算机辅助教学理论为指导，而计算机辅助教学理论是以现代学习理论、现代教育技术理论、现代教育信息传播理论、系统科学原理、学科教学原理为基础的。

1.　认知—行为主义学习理论

以加涅为代表的认知—行为主义学习理论认为，学习是一个不断接受外界刺激，通过学习者的内在构造作用产生反应，并同化为学习者的内在认知结构的循环过程。学习具有从低到高、从易到难的层次性和阶段性的特征。

在幼儿阶段，促使幼儿学习的整体性将有利于幼儿一生的发展。幼儿的思维主要是通过触摸、摆弄物体来获取感性经验，因此，在幼儿园课件设计中，教师首先要重视的是课件场景环境的布置，为幼儿提供丰富的感官刺激。

课件场景中的颜色、声音、玩具摆放的位置等都会对幼儿的学习产生影响。因此，教师要重视幼儿自身的学习需要，保护其好奇心和求知欲，尊重他们的学习兴趣。制作的课件要为幼儿的主动学习创造宽松、民主、自由的环境，安排的教学活动则要多考虑幼儿的兴趣和需要。

2.　建构主义学习理论

建构主义学习理论认为，学习是一种建构的过程。知识是学习者与外部环境交互作用的结果，而不是仅靠教师传授所得。建构主义学习理论认为"情景""协作""会话"和"意义建构"是学习环境中的四大要素，即学习者在一定的学习情境下，借助教师和学习伙伴的帮助，利用必要的学习资料，通过意义建构的方式获得知识。

建构主义学习理论在幼儿园课件制作中，强调以幼儿为中心，不仅要求幼儿由外部刺激的被动接受与知识的灌输对象转变为信息加工的主体和对知识意义进行主动建构，还要求教师和设计的课件要由知识的传授、传输转变为对幼儿主动建构意义上的帮助和促进。

学习者在与计算机多媒体的交互中，不断"同化""调节"自身已有的认知结构，最后使自己的认知结构"平衡"到一个新的水平。计算机辅助教学强大的交互功能可以使学习者积极主动地参与学习，从而更加有效地到达认知结构的新的"平衡"。

建构主义理论倡导的是一种自我调节的学习方式，要求幼儿有学习主动性，在基于建构理论的学习背景下，幼儿要从传统教学模式中被动接受知识转换为信息的主体、意义的主动建构，他们才是活动和学习中的主体，他们对学习的主题、进程有着自我的控制和管理。在实际教学过程中，教师应该随机地、巧妙地、隐蔽地通过问题情境中可利用的资源，及时捕捉幼儿将要学习并跨出一步的微妙时刻，并给予适时提示，从而引导幼儿自己解决问题，而不是直接告诉幼儿解决问题的方法。

1.1.2 教学原理在幼儿园课件设计中的应用

作用于幼儿园课件设计中的教学原理主要有程序教学原理、媒体符合原理、交互作用原理和系统性原理，下面分别进行介绍。

1. 程序教学原理

程序教学原理主要包含以下几个方面。

- **积极反应原理**：学习者对学习的内容做出积极的反应。
- **及时确认原理**：对学习者的正确反应给予及时的确认。
- **小步子原理**：即小步子前进。
- **自定步数原理**：根据自身的条件自定学习的进度。
- **测验原理**：通过测验来检验学习的结果。

多媒体辅助教学实际上就是一种程序教学。由教师和其他教学人员共同开发编制的多媒体课件，本质上就是包含教学信息的程序，教学内容的展开由程序来控制，学习者可以按程序提供的交互方式来选择学习形式、时间和速度等。

在幼儿园课件设计制作中，通常采用小步子递进的方式来设计安排由易到难的交互材料。如中班的"认识形状"教学任务：第一层次是给出几种基本的形状让幼儿认识；第二层次是给出几个用形状组合的简单物品，让幼儿在其中认识组成的形状；第三层次则是给出几个用形状组成的复杂物品，然后让幼儿在其中认识相关的形状。随着层次逐渐提高，幼儿的观察能力、空间思维能力等也将得到不断的发展。

2. 媒体符合原理

不同的教学内容使用不同的媒体形式来表现就是教学内容决定媒体形式的原理，即媒体符合原理。一般具体化的教学内容需要使其向抽象层次发展，才能提高幼儿的认识层次，如大班的音乐课件"小星星"中，通过对图片的认识，使幼儿能主动认识星星的形状；而抽象性的教学内容则要以具体形象的媒体形式表现，这样才能让幼儿快速理解，如小班语文类的课件"开铺子"中，将抽象的量词与具体的实物对照起来，更加便于幼儿的理解。

3. 交互作用原理

交互作用原理主要包含以下几个方面。

- **积极学习原理**：学习不是被动接受，而是主动索取。交互式学习可使学习者积极主动地参与到学习过程中，有助于理解和把握知识的结构和联系，从而提高学习效率。

- **发现学习原理**：学习也是发现和创造的过程。交互式学习能引发学习者的想象力和创造力，学习者可通过对学习对象的改变、编辑和重塑来提高思维能力和创造能力。

- **个性化学习原理**：不同的学习者有不同的兴趣、爱好、认识水平与学习需要。交互学习就是将学习过程的控制权交还给学习者，由学习者根据自身的条件和要求选择学习环境和学习形式，将有利于因材施教。

课件的交互形式通常是以多项选择的方式为幼儿提供操作练习的环境，如拼版、游戏等。通过幼儿主动感知、积极思维，协同发挥多种感官作用，以提高认知效果。

4. 系统性原理

计算机多媒体辅助教学实际上将教学过程当作一个系统性的过程。教学课件的开发需要根据课件设计的理论和方法，对教学内容、教学目的、教学对象、教学方法、教学环境和教学需求等进行综合分析，优化设计，最后将教学环节的连续和教学过程的控制等都纳入考虑范畴。

在幼儿园课件设计中，良好的衔接性能够充分调动幼儿的积极性，满足幼儿的好奇心和成就感。这不仅仅指课件片段、场景、内容本身有很好的直接衔接，同时还要包括与教师配合的衔接，即在课件设计中，要根据课件设计的具体需要留有与教师的衔接接口，以便教师能够顺势引申，促使教学过程中的各个环节紧紧相扣，让幼儿把注意力自然而然地从课件中转移到教师身上。

1.2

幼儿园课件设计的基本内容和方法

幼儿园课件设计是对课件内容的呈现方式、应用的教学理论和教学方法、课件呈现的实现方法和步骤、课件应用的目的、对象和运行环境等方面进行的整体规划。而课件设计的目的则是保证课件符合科学性、教学性、程序性和艺术性等方面的要求。

1.2.1 幼儿园课件设计的基本内容

幼儿园课件设计的基本内容包括课件的教学设计、程序设计和艺术设计3个方面，下面具体进行介绍。

1. 教学设计

课件的教学设计是课件的首要任务。多媒体教学中的课件是一种教学软件，课件的内容必须保证与教学相关，其形式和呈现方式必须符合教学媒体使用的规律和信息传播理论。同时，幼儿园课件的播放过程必须符合幼儿的认知规律和教学规律，且幼儿园课件采用的教学方法必须符合幼儿园教学理论和幼儿学习的特点，必须有利于幼儿掌握知识，从而形成技能。

2. 程序设计

幼儿园的课件也是一种计算机应用软件，需要符合计算机应用软件的一般要求，软件的核心是程序，课件程序就是实现课件的目的和手段。多媒体课件程序设计的基本内容包括课件运行的稳定性和可靠性、课件的计算机资源的占用情况、运行的速度、友好的界面和简易的操作等。另外，在幼儿园课件设计中需要注意制作课件的软件占用系统资源的情况，应该尽量选用PowerPoint+Flash的动画形式。

3. 艺术设计

在课件教学设计和程序设计基础上对课件的艺术加工就是课件的艺术设计。课件的艺术设计主要是设计课件的表现形式和视听效果，如画面、背景、字体、颜色、对比度、亮度、音效和动画的效果等。在幼儿园课件的艺术设计方面，要考虑到幼儿的审美教育和规律等。

1.2.2 幼儿园课件设计的基本步骤和要求

学习了幼儿园课件设计的基本内容后，还需要掌握课件设计的基本步骤和要求，以便于制作出符合实际情况的教学课件。

1. **幼儿园课件设计的基本步骤**

幼儿园课件设计的基本步骤主要有以下4步。

第1步 分析教学内容，确定教学目标。幼儿园教师要根据教学内容的深浅、难易程度等因素，考虑幼儿接受能力的实际情况，按照课程标准的要求，结合教学经验，确定教学目标。

第2步 选择教学媒体，创设教学情境。根据教学内容和教学目标的要求，选择记录和存储教学信息的载体，直接接入教学活动过程，实现教学信息对幼儿感官的刺激，这就是媒体选择的意义；创设有利于幼儿理解教学主题意义的情景，即创设教学情境，这种教学情境反映了新旧知识的关系，有利于幼儿对知识的重组和改造，促进幼儿的联想和创新。如在幼儿园中班语文类课件"小蝌蚪找妈妈"中，教学情境的创设以卡通形式展示给幼儿，让幼儿可以自然地进入角色，达到在游戏中学习的目的。

第3步 指导自主学习，组织协作活动。利用启发式教学方式，充分发挥幼儿学习的主动性和创造性，进行自我学习、自我探索。在幼儿自学的基础上，通过小组讨论或辩论，进一步对主题进行理解和深化。另外，在幼儿园课件制作中，可通过直观的图像或动画素材来启发幼儿回答问题，找到答案，在活动中培养幼儿的协作意识。

第4步 确定教学要素关系，形成教学组织结构。幼儿园教学系统是由教师、幼儿、教学内容和教学媒体等要素构成的一个复杂的系统，制作者必须分析和研究各要素之间的联系，协调各要素之间的关系，形成合理的组织结构。

2. **幼儿园课件设计的基本要求**

幼儿园课件设计的基本要求包括课件设计的教育性要求、技术性要求和艺术性要求。

● **教育性要求**

因为课件是用来教学的，所以教育性是课件的根本属性。课件设计要遵循教育教学的基本理论、基本原理和一般规律。

（1）要有明确的教学目的，针对特定的教学对象，采用图、文、音、像并茂的活泼式的教学形式，突出重点和难点。

（2）运用教学设计的原理和方法对教学内容和教学过程进行设计，教学过程和教学方法以及媒体形式的运用要符合幼儿的心理特征和认知结构。

（3）突出启发性教育和幼儿自主学习，促进幼儿智力的发展和能力的提高。

● **技术性要求**

课件设计与制作水平的高低对计算机辅助教学效果有直接和间接的影响。技术性要求主要包括以下4个方面。

（1）课件制作平台软件的选择。不同的课件制作平台对课件的类型、效果和应用环境的要求不同，技术含量也不同。因此，在选择制作平台时，应该根据需要，尽可能地选择交互性强、能够灵活方便地实现教学功能要求的制作软件。另外，在幼儿园课件设计中，要根据幼儿教师制作课件的实际水平，选择应用比较广的课件制作软件，如PowerPoint或Flash，要注重实用性和可操作性。

（2）多媒体处理与应用技术。多媒体课件应该综合应用多种媒体技术，为了满足制作的需要，选择的多媒体课件必须能够在多种格式中进行转换；或者能够通过空间、插件或多媒体编程技术，灵活地处理课件中要使用的多媒体素材。需要注意的是，因为幼儿园课件中需要的素材格式不同，所以幼儿园教师需要掌握常用的多媒体处理技术，以便于更好地选择素材，做出精美的幼儿园课件。

（3）多媒体课件的优化技术。通常指使用压缩、打包等方法减少课件的占用空间，减少对系统资源的占用，并能够稳定、流畅地运行，使幼儿园课件操作方便简洁。

（4）程序运行与控制技术。多媒体课件是在一定的操作环境下运行的，通过提供一定的操作界面进行人机交互，控制程序的运行，完成教学过程，实现教育目的。因此，制作课件必须考虑其运行的软硬件环境。课件的推广使用，对计算机硬件的要求不能太高，如CPU主频、内存、显示分辨率、硬盘的容量等硬件要求应在常规范围内。在软件方面，一般要求可在Windows XP/7/10等操作系统环境下运行。在程序的操作控制方面，多媒体课件则要提供简洁方便灵活的操作界面、多样化的交互手段。对课件的使用，要能提供及时的帮助和提示信息，对于用户的误操作有及时的提示。

● **艺术性要求**

使用符合美学原理的表现方法精心设计制作多媒体素材，进行多媒体组合教学，是多媒体课件制作中的艺术性要求。该要求可以使教学课件具有丰富的感情、积极的态度，能够感染和调动学习者的兴趣、爱好和情绪，使其以和谐、统一、完整、自然的手法，创新多样的方式表现教学内容，达到最好的教学效果。

（1）视觉效果艺术设计。在幼儿园课件设计中，需要注意活动场景的构图、布局的整体设计。合理的构图和设计将有利于教学内容的展现，也有利于幼儿对知识的理解和接受。

（2）听觉效果艺术设计。听觉效果艺术设计就是对语音、音乐等音频效果的艺术设计。幼儿具有喜形于色、情感外露的特点。由于他们内心的情感和体验难以用语言来表达，而音乐情绪对比强烈，感情描写鲜明，这些特点恰好可以抒发幼儿的内心感受，因此，爱听音乐是他们的天性。声音可以是自然中的声音，也可以是人工合成的声音，多媒体课件中使用的声音主要与配乐、解说和音响三者相关。配乐通常作为背景音乐，在选择时，需要与教学内容相似，起到渲染氛围、调节教学节奏的作用；解说则要与文字素材、图形图像素材、动画影视素材的内容一致，能够及时、准确并生动地解释和说明相关的内容；音响就是声音所产生的效果，适当的音响能够缓解幼儿紧张的心情，吸引幼儿的注意力，调动其探知欲望。

> **小知识**
>
> 色彩是对画面颜色进行设置处理的一种艺术效果。前景色、背景色、对象颜色等，不同内容不同区域的颜色都需要进行合理的设计，才能达到清新、明快的视觉效果。同时，在幼儿园课件设计制作中，还要考虑到幼儿好奇心强、喜欢鲜艳色彩的心理，要有意识地培养色彩感知能力，帮助幼儿梳理正确的审美观，提高欣赏水平，使其获得愉快的体验、美的享受，从而提高他们的综合审美素质。

1.2.3　幼儿园课件设计的策略

幼儿园教学是一种特殊的教学方式，具有一定的教学规律。下面介绍幼儿园课件设计的策略。了解这些策略内容，可使课件设计更加符合幼儿园教学规律。

1. 脚本设计

脚本设计是多媒体课件设计中首要且基础性的工作，其主要任务是选择教学内容、教学素材及其表现形式，建立多媒体课件的框架结构，确定程序的运行方式等。

幼儿园教学课件中的脚本设计还需要注意以下几个方面。

- 要采用美观、生动的屏幕界面，吸引幼儿的注意力，激发其兴趣。
- 要直接阐明教学目标，对抽象的概念，设法通过图形和动画形象地表达出来，让幼儿更易理解。
- 要便于使用，即操作者不用看说明书便可以知道如何操作。
- 要适时地组织提问、反馈和激励。在演示过程中，为了吸引注意力，可针对幼儿的情况设置适时提问，并根据幼儿的回答进行讲解，及时反馈信息。对于回答正确的，可以使用"大红花"或"鼓掌"等动画音效来表示奖励，对于回答错误的，则可以使用"难过表情"等动画音效来给予警示，使其下次能做到更好。

2. 教学过程设计

教学过程设计是多媒体课件设计的重要内容。多媒体课件的设计与制作能否成功的关键在于如何安排教学的顺序、设计教学的环节，使用的教学方法是否先进，如何控制教学的节奏，以及能否充分发挥多媒体辅助教学的优势和特长等。

- ● **教学环节**：教学环节主要包括教学目标的阐述、教学内容的呈现、教学难点的剖析、提问与练习、归纳与总结等。多媒体课件在教学环节上的设计必须遵循教学的基本原则和一般规律。

- ● **教学方法**：教学方法是展现教学内容、完成教学任务、达到教学目的所采用的方法，如设问法、对比法、归纳法、诱导启发法、交流讨论法等。将教学方法适当地应用到多媒体课件设计中，可以有效地提高多媒体辅助教学的效率。

- ● **教学节奏**：对教学内容和教学对象的教学过程进行调节和控制的操作就是教学节奏。教学节奏既要符合教学内容的深浅、难易程度，也要适应教学对象的接受能力和反应能力，还要符合不同媒体的表现形式。多媒体课件需要使用多种不同的媒体来展现教学内容，教学节奏的快慢与媒体的特点密切相关。因此，多媒体课件的设计应准确把握某种媒体的自然节奏，声音和动画的播放都要适合人的视觉和听觉习惯，课件中的场景、画面与内容的转换都要自然和谐，这样才能形成符合教学对象学习心理特点的教学节奏。

在幼儿园课件设计时，设计制作的课件必须有助于教师教学艺术的进一步表现。设计课件的目的是进一步提高教学效果，让幼儿学习更愉快，让教师讲解更轻松。所以设计的课件还需要从教学需要和幼儿的实际情况出发，充分发挥以教师为主导和幼儿为主体的作用，课件要为教学锦上添花，使教师的教学艺术得到充分体现，而不是阻碍教师展现教学艺术，成为教和学的障碍。

3. 教学表达设计

在教学的过程中，采用哪种媒体、哪种方式方法来表现教学内容的设计就是教学表达设计。在多媒体课件设计中，要根据教学内容和教学对象的特点与要求来选择一种或几种组合的媒体表现教学内容，通常应尽量使用图形图像、视频、音频和动画等组合形式。掌握不同媒体间的转换和连接方法与规律，画面与画面间的过渡要自然，声音与声音间的衔接也要和谐统一，互不干扰，声音与画面的衔接更要相互配合。

在幼儿园课件教学表达设计中：图像素材应注意选用色彩鲜明、构图简单、容易让幼儿接受的图像；音乐素材应选用节奏明快、清新的乐曲，使其能够产生亲切感；动画素材可采用幼儿喜闻乐见的卡通人物或故事，使其更加容易融入学习环境中。

4. 交互方式与界面设计

交互性是计算机辅助教学最大的特点，它是实现人机对话的通道。交互性来自多媒体课件的交互界面，多媒体课件的交互界面提供了多样化的交互手段，教师或幼儿可根据教学的目的和要求进行交互操作。

键盘输入和鼠标单击是最常见的交互方式。键盘输入方式一般不需要专门的交互界面，直接在其中用键盘输入相应命令即可实现交互操作；鼠标单击方式则需要有专门的交互界面供鼠标单击，如按钮交互响应、菜单交互响应等，也可以直接通过鼠标单击来实现交互，如热点交互响应、热点对象交互响应等。在幼儿园多媒体课件设计中，应尽量多地使用鼠标单击，有硬件设备条件的幼儿园还可以使用触摸屏，方便直观，更加便于幼儿操作。

界面是整个画面的一部分，通常会占据一部分屏幕区域，界面的设计需要和呈现实际教学内容的画面设计有机结合，统筹安排、合理布局，对交互性的反馈信息也要进行合理表达。幼儿园多媒体课件设计中的界面设计应该新颖别致，界面风格应前后一致，界面操作方法要简单明确，不同界面中相同交互方式的操作要保持一致。另外，交互的信息展现最好使用图形、动画和声音，便于幼儿接受。

1.3

幼儿园课件的基本类型

课件的类型可根据不同的标准进行划分。根据制作软件不同，可分为PowerPoint课件、Flash课件等。根据应用环境不同，又可将课件分为一般多媒体课件和网络多媒体课件。下面根据计算机辅助教学的形态和教学功能，将课件分为练习与操练型课件、模拟型课件、游戏型课件、综合型课件等几种基本类型。

1.3.1 练习与操练型课件

练习与操练型课件是发展和应用最早的一类CAI软件，是实现程序教学的基本方法。

● **练习**：练习是为了获取一种过渡性操作的技巧，主要通过一系列问题，让幼儿在建立知识间的联想联系的同时，还要具有掌握在何时使用何种知识、做何种决定的技能，形成一种习惯性的过程性操作能力。

- **操练**：操练是通过大量的术语与事实间的重复对比练习，帮助幼儿建立有关事物之间联系的联想记忆和规律的快速回忆。

练习与操练型课件应遵循以下原则。

- 小步子原则。
- 积极反馈原则。
- 及时强化原则。
- 自定步调原则。

计算机逐个或按批次向幼儿提出问题，待幼儿回答问题后，计算机判断其正误情况，并根据回答的情况给予一定的反馈，以促进幼儿掌握某种知识和技能技巧，这个过程就是练习与操练型课件的基本过程。

练习与操练的教学方式都是通过大量的"提问→回答→判断"实现反馈，使幼儿建立起问题与回答之间的联系，从而理解并掌握该知识与技能技巧。

练习与操练的"提问→回答"过程需要反复进行，直到达到教学目标为止。判断幼儿是否达到教学目标的方式多种多样，如在一定时间内或问题数量达到一定量时，统计幼儿的练习成绩和课件目标成绩之间的差距；幼儿回答正确次数到一定的量时，要告诉幼儿所用的时间和最快者的差距等。在某些课件中，这些教学目标达到后的情况还需要记录下来，作为分析幼儿对知识掌握情况的资料，影响后面教学内容的选择。

1.3.2 模拟型课件

模拟型课件利用计算机模拟自然科学或社会科学的某些规律，产生与现实世界相应的现象，供幼儿观察，帮助幼儿认识、发现和理解这些规律与现象的本质，主要具有以下特点。

- **激发学习动机**：模拟的对象对幼儿来说是一个未知的世界，而幼儿对未知世界的好奇心可以帮助他们去探索其中的奥秘。
- **时效性**：模拟对象的实际时间和空间尺度可以很大也可以很小，一般不容易让幼儿接触或观察，使用计算机模拟则可以不受时间和空间的限制。
- **安全性和经济性**。
- **重复性**。

模拟型课件近年来受到许多教育专家和心理专家的关注，被认为有助于培养幼儿的能力，所以目前已成为发展较快的一种课件类型。

> **小知识**
>
> 演示模拟就是将计算机作为电视机屏幕，向幼儿演示各种图像、动画、图标和描述的教学活动。使用计算机制作的模拟艺术形象通常没有录影逼真，但可以根据幼儿的反应和请求而改变，这种模拟既适应了幼儿的能力和基础，又可以活跃教学氛围，调动幼儿思考与学习的积极性。

1.3.3 游戏型课件

游戏型课件就是指教学在游戏中进行。课件提供和控制一种富有趣味性和竞争性的教学环境，来激发幼儿的学习动机，让幼儿在富有教学意义且教学目标明确的游戏活动中得到练习或有所发现，取得积极的教育成果。游戏型课件与电子游戏不同，电子游戏没有教学目标，没有教学内容，也不会考虑教学策略，它的目的是让使用者得到娱乐，训练使用者的手眼联动性；而游戏型课件则强调教学性，有着明确的教学目标和具体的教学内容，并且包含经过仔细研究的教学策略。

游戏型课件具有以下特点。

● **教学目标与游戏竞争目标一致**：从初始状态出发，经过游戏参与者的决策和动作，最后总能达到胜、负或平局的状态；而游戏竞争目标的实现也是教学目标的实现。

● **积极的参与性**：至少有两方或以上的游戏参与者，其中的一方可以通过计算机扮演，而学习者要积极地参与游戏竞争。

● **明确的游戏规则**：即游戏参与者采取的决策和动作是必须遵守的规则约定，这些规则应该包含所有教学目标、所有教学的规律与知识。

● **娱乐性与趣味性**：游戏型课件的目标就是达到寓教于乐的教学效果，因此，游戏型课件要具有强烈的娱乐性和趣味性，包括生动活泼的画面、恰当的音乐、巧妙的构思和夸张的想象等。

● **时间性**：即游戏应该在有限的时间内达到教学目标，而不是一直继续下去。

游戏型课件按照游戏方式可分为操练与练习方式的游戏和模拟方式的游戏等。

● **操练与练习方式的游戏**：操练与练习方式的游戏就是将操练与练习结合到游戏中，由于游戏的方式能大大刺激幼儿的学习积极性，在娱乐中学习知识，因此能够取得较好的教学效果。

- **模拟方式的游戏**：模拟方式的游戏就是将模拟与游戏结合起来，让幼儿在有竞争的环境下思考、探索、尝试、发现错误并纠正认识，让其在掌握规律与事实的同时，还能学会寻找规律，做出决策的方法，能够培养幼儿适应现实的能力和应变能力。

使用游戏型课件进行教学活动时，教师必须起到引导作用，而不是让游戏型课件沦为普通的游戏，应该通过引导、启发和归纳等让幼儿注意其教育内容，达到教育目的。

1.3.4　综合型课件

将练习型课件、模拟型课件、游戏型课件等形式中的某几种形式整合到一起，用来表达较为系统的教学内容的课件形式就是综合型课件形式，也是实际教学过程中最常用的课件类型。

综合型课件具有较强的可控性和智能性。

- **可控性**：表现在计算机多媒体课件内容由幼儿教师掌握。在幼儿园教学环境中，幼儿教师可根据幼儿的实际接受情况，有目的、有选择地控制演示的内容、次数和速度，充分发挥综合型课件的优势，让幼儿达到最佳的学习效果。
- **智能性**：指多媒体技术可以将声音和图像结合，模拟出整个实验过程，让幼儿观看到现实生活中看不到或看不清的各种物理、化学变化或运动过程，从而促进幼儿对活动内容的理解和记忆。

1.4

幼儿园课件的制作工具和规范

幼儿园课件制作是在课件设计的基础上进行的，即使用编程语言或编辑软件将课件的内容按照预定的结构和方式组合成一个完整的课件程序，并通过必要的后期处理，形成课件成品的过程。

1.4.1　幼儿园课件制作的工具

对于幼儿园教师来说，幼儿园课件制作主要采用课件编辑软件来完成。目前市面上大多数的编辑软件界面友好，使用方法简单，只需要经过简单的培训就能掌握其操作。这些课件编辑软件非常多，可分为基于图标和流程线的多媒体编辑软件、基于卡片和页面的多媒体编辑软件、基于时间轴的多媒体编辑软件和基于网页制作的多媒体编辑软件。

● 基于图标和流程线的多媒体编辑软件常用的主要有Authorware等。Authorware是以设计图标和流程线来设计和制作多媒体作品的应用软件，支持集成多种媒体文件，具有多种交互方式和函数功能，使用它来设计和制作交互性比较强的多媒体课件更方便。

● 基于卡片和页面的多媒体编辑软件常用的主要有PowerPoint等。PowerPoint是用于设计和制作电子幻灯片的软件，使用PowerPoint设计和制作课堂演示型课件比较方便。

● 基于网页制作的多媒体编辑软件常用的有Dreamweaver、Flash等。Dreamweaver是一款比较专业的网页制作软件，可以实现相对复杂的制作功能，而Flash也能够制作网络课件，但采用Flash来设计制作的通常是Flash动画，用于设计和制作反应动态变化过程的课件比较方便，它还是幼儿园课件制作中动画素材的主要编辑软件。

1.4.2 幼儿园课件制作的规范

无论采用哪种软件来制作课件，都需要考虑课件的教学内容和教学过程两个方面，既要设计和制作出与教学内容相关的素材，并导入或输入课件中，又要设计和制作出与教学进程相关的程序控制。对幼儿园课件制作者来说，掌握一定数量与教学内容相关的素材可能比掌握课件的程序设计技巧更重要。如有条件的学校可以创建课件制作资源库，收集并制作大量幼儿园优秀或系列素材，供幼儿园教师使用。

1.5

幼儿园课件的评价

幼儿园课件是为了给幼儿展示，辅助教学使用的，因此我们要对幼儿园课件有一定的评价标准和方法，保证课件的优秀。

1.5.1 幼儿园课件评价的标准

幼儿园课件评价的标准可从教育功能性标准、技术性标准、艺术性标准等方面来进行评价，具体解释如下。

1. 教育功能性标准

教育功能性标准分为科学性标准和教学性标准两个部分。

● **科学性标准**：课件内容必须准确反映客观规律，符合科学原理，名词、术语和符号的使用都要符合相应的规范，符合幼儿园的教学规律。

● **教学性标准**：课件的运行符合教学的一般规律，即教学目标明确，教学内容深浅和难易程度适当，同时具有系统性、连贯性，符合循序渐进的原则，教学方法先进，能激发幼儿的学习兴趣，能调动其积极性和创作性，有助于幼儿自主学习，还要符合因材施教的原则，对教学效果进行及时有效的反馈，帮助幼儿及时调整学习内容和进度，符合幼儿的认知规律。

2. 技术性标准

制作完成的课件能够充分利用多媒体技术的优势和特点，具有较强的交互性、集成性和灵活性，课件的运行具有稳定性，界面能够实现友好的人机交互操作，同时还需要符合幼儿的学习规律。

3. 艺术性标准

制作出的课件中，教学信息要层次分明、布局合理、重点突出、动静结合，教学信息和操作提示的安排衔接合理，色彩、音效等元素都要与教学内容统一，程序运行的节奏要符合教学过程的需要。

1.5.2　幼儿园课件评价的方法

幼儿园课件评价的方法有技术检测法、调查评议法、实验研究法、综合评价法4种，下面具体介绍。

1. 技术检测法

技术检测法是指根据多媒体教学软件的制作规范，实现确定检测的项目，组织相关技术人员进行检测。这里的检测主要是检测多媒体素材的内容、硬件和软件环境的要求、安装程序和注意事项等，检测幼儿园课件的科学性，使其制作完成后能够符合幼儿园教学的要求。

2. 调查评议法

调查评议法就是对使用多媒体教学软件的教师和幼儿，以及相关人员进行调查了解，收集、统计并分析有关的数据，对多媒体教学软件进行测评，然后在幼儿园中展开教学研究，必要时可以请家长参与。

3. 实验研究法

选择不同层次的实验对象，如幼儿园班级、幼儿等，实施多媒体教学实验或对照实验，通过实验前后或不同对象教学效果的结果进行对比分析，评价多媒体教学软件的质量，这样将有利于幼儿园课件的对比研究。

4. 综合评价法

根据明确的目标，按照一定的标准，采用科学的方法和量化指标，进行综合测量与分析，对多媒体教学软件的功能、性能做出评价，使幼儿园教学课件更加完善，更符合幼儿园的教学实际。

1.6
课后练习

本章主要介绍了幼儿园课件设计与制作的理论基础、课件设计的基本内容和方法、课件的基本类型、课件制作的工具和规范以及课件的评价5个方面的内容。学习这些知识后，幼儿园教师应当能够初步掌握幼儿园课件的制作方法，为后面章节的学习打下坚实的基础。

根据所学知识，回答下列问题。

（1）幼儿园课件设计与制作应该遵循哪些基本原理？

（2）幼儿园课件设计分为几种类型？分别是什么？

（3）幼儿园课件设计的基本方法和要求是什么？

（4）幼儿园课件设计与制作可通过哪些工具来完成？

（5）简述幼儿园课件的评价方法。

1.7
拓展知识

教学课件的评审标准可从功能性、可靠性、使用方便性、程序设计技巧、商品化程度5个方面进行，该标准对于多媒体教学课件有很强的参考价值。

1. 功能性

对课件综合评分中的功能性进行评分时需要考虑以下因素。

- 教学目标适当、达到预定的教学目标程度。
- 符合科学性要求。
- 符合幼儿园教学规律和因材施教的教学原则。
- 能够体现计算机的特点，取得其他教学方法和教学手段无法取得的成果。
- 有利于激发幼儿的学习兴趣、主动性和积极性，有利于培养幼儿的能力。

2. 可靠性

可靠性要求幼儿园课件程序足够稳定，不受误操作的影响。

3. 使用方便性

多媒体课件综合评分的使用方便性表现在以下两个方面。

- 教师和幼儿的操作简单易学。
- 屏幕提示的含义清楚、表达明确、意思简单明了，过程符合幼儿学习习惯。

4. 程序设计技巧

教学课件综合评分的程序设计技巧表现在以下几个方面。

- 充分利用计算机系统的各种资源，且深度合理。
- 要充分发挥多媒体教学的优势，综合利用文字、声音、图像、动画等媒体信息，使用得当、协调配合。
- 画面应该美观清晰。
- 动画与教学内容要紧密配合，有较好的动态教学效果。

5. 商品化程度

要有较高的商品化程度，需要较为详细的文档资料进行功能说明、安装使用说明，文字要通顺、易懂、准确。除此之外，作为商品应有好的包装，比如用光盘发行，便于幼儿园之间的教育资源交换和流通。

第 2 章

收集与处理
多媒体课件素材

多媒体素材是传递教学信息的基本材料，分为文本素材、图像素材、声音素材、视频素材、动画素材5种。本章主要介绍这5种素材的收集与处理方法，这是制作多媒体课件的基础。通过学习，读者能够自主地掌握收集与制作多媒体素材的方法，为课件制作打下坚实的基础。

2.1

文本素材

文本即文字，指的是字母、数字和符号。文本文件除了换行外，没有任何格式，它是ASCII码文件。文字是多媒体课件中最基本的素材。在制作幼儿园课件时，一般多采用声音、图片和视频来表达，但文字也是必不可少的元素。对于幼儿来说，文字的大小、位置和颜色的设计都要符合其年龄特点，因此，文本编辑是幼儿园多媒体课件制作中非常重要的一部分。下面处理一个"狼来了"的文本素材，使其便于在课件中使用，处理完成后的参考效果如图2-1所示。

图2-1 "狼来了"文本素材

2.1.1 文本素材的收集

若文本内容较少，可通过文本输入的方式添加内容；若文本内容较多，则可通过网络搜索或OCR文字识别技术来实现文本素材的收集。

1. 文本的输入

文本的输入通常使用键盘来完成。使用键盘输入文本素材时，英文、数字、常用标点符号等都可以直接从键盘输入，而汉字、中文标点符号、其他文字符号以及特殊符号的输入，则要通过相应的输入法来完成。在采用手写输入或扫描输入时，一般要使用相应的软件来识别转换后才能转换为所需的文本素材。

2. 网络搜索

互联网发达的时代，信息已经突破地域等限制，用户可通过百度或谷歌等搜索引擎来搜索需要的文本素材，然后使用复制/粘贴的方法将其保存下来。若需要的文本素材是以DOC、PPT、PDF等格式保存在网页上时，可通过下载的方式将其保存到本地计算机，然后使用。

有时也会出现网页文字不允许选择或复制的情况，这是因为网站对页面进行了保护设置，此时，可在网页中空白位置单击鼠标右键，在弹出的快捷菜单中选择"网页另存为"命令，在打开的对话框中进行设置，将网页保存为文本文件，然后在保存文件的位置打开TXT文本文件即可选择或复制其中的文本。此外也可通过设置浏览器来实现，其具体操作如下。

第1步 在IE浏览器中选择【工具】/【Internet选项】命令，打开"Internet选项"对话框，单击"安全"选项卡，然后单击 自定义级别(C)... 按钮，如图2-2所示。

第2步 打开"安全设置"对话框，在"设置"列表框中的"活动脚本"栏下选中"禁用"单选项，如图2-3所示。

图2-2 单击"自定义级别"按钮 图2-3 设置禁用活动脚本

第3步 单击 确定 按钮，确认设置后返回网页，按【F5】键刷新网页后，即可复制网页上的文本。

> **小知识** 复制网页文本后，需要将浏览器的安全级别恢复到默认的设置，否则会造成某些网页无法正常显示的情况。方法是：打开"Internet选项"对话框，在其中单击 默认级别(D) 按钮，然后单击 确定 按钮即可。

2.1.2 文本素材的处理

记事本是Windows操作系统自带的文字处理软件，只能对文字信息进行简单的格式设置。下面将把网上复制的"狼来了"故事文本保存到记事本文档中，其具体操作如下。

扫一扫观看视频

第1步 打开IE浏览器，在地址栏中输入"http://www.baidu.com"，按【Enter】键搜索，在打开页面的搜索文本框中输入"狼来了"文本，单击 百度一下 按钮，如图2-4所示。

第2步 在打开的网页中显示了搜索结果，单击"狼来了 百度百科"超链接。

第3步 打开新的网页，在其中显示了"狼来了"故事的文本材料，拖动鼠标选择需要的文本内容，然后在其上单击鼠标右键，在弹出的快捷菜单中选择"复制"命令，如图2-5所示。

图2-4 搜索关键词　　　　图2-5 复制文本素材

第4步 单击"开始"按钮，在打开的菜单中选择"所有程序"选项，在列表框中选择"附件"选项，在打开的列表中选择"记事本"选项，打开"记事本"程序。

第5步 将鼠标定位到记事本文档中，单击鼠标右键，在弹出的快捷菜单中选择"粘贴"命令，效果如图2-6所示。

第6步 选择【格式】/【自动换行】命令即可使记事本文档中的文本进行自动换行，效果如图2-7所示。

图2-6　粘贴文本后的效果

图2-7　设置自动换行后的效果

第7步 按【Ctrl+S】组合键将记事本文档以"狼来了"为名保存（最终效果参见：效果文件\第2章\狼来了.txt）。

2.2

图片素材

　　学前幼儿的思维具有一定的抽象性，但大部分仍然以具体形象思维为主，并且，幼儿有自主意识地观察事物的时间比较短，因此，较多的文字可能会让幼儿失去学习兴趣。利用图形图像素材，并以标注的形式将重要的信息标识出来，图文并茂地展现教学内容，可以大大提高幼儿的学习兴趣。因为图形图像可以生动、形象、直观地表示出大量的信息，帮助幼儿分析和理解教学的内容，解释相关的概念或现象，所以，图形图像素材是幼儿学习时最容易接受的信息表现元素。图形图像素材主要应用于幼儿园多媒体课件中使用的图形、背景图片及创设教学情境等方面。下面使用美图秀秀将表示"春""夏""秋""冬"的图片通过拼图功能合并在一起，适当美化后输入文字，参考效果如图2-8所示。

图2-8　草原卡片

2.2.1　图片素材的收集

图形图像资源的收集方式多种多样，下面介绍几种常见的方式。

1. 通过数码产品收集

现如今，数码产品广泛普及，数码相机、高清拍照手机都是平民化的物品，用户可以通过自行拍摄的方式来收集素材，然后将拍摄的数码照片直接导入到计算机中。

2. 通过扫描收集

使用扫描仪可将一些非电子格式的图像扫描到计算机中，保存为电子图像格式，便于计算机多媒体辅助教学课件的制作。扫描图片通常使用平板扫描仪。扫描仪与复印机相似，将需要扫描的图片或照片正面朝下，放在扫描仪的玻璃板上，调用扫描仪驱动程序获取图像信息即可，如图2-9所示。

图2-9　使用平板扫描仪扫描图片

3. 网上搜索图片下载

互联网提供了大量的图片素材，用户利用搜索引擎可以搜索喜欢或需要的图片，然后将其下载到本地计算机中，其具体操作如下。

第1步 打开百度首页，在其中单击"图片"超链接，打开"百度图片"页面，在搜索框中输入"贺卡"文本，单击"百度一下"按钮，如图2-10所示。

第2步 此时将在打开的网页中显示搜索结果，图片以缩略图的方式显示，单击需要的图片缩略图，如图2-11所示。

图2-10 搜索贺卡图片

图2-11 单击缩略图

第3步 此时将打开原始图片所在的网页，并显示预览效果，在其上单击鼠标右键，在弹出的快捷菜单中选择"图片另存为"命令，如图2-12所示。

第4步 打开"保存图片"对话框，在其中设置图片的保存位置、名称和格式后，单击 保存(S) 按钮，即可将图片保存到本地计算机中，如图2-13所示（最终效果参见：效果文件\第2章\贺卡.jpg）。

图2-12 选择右键快捷菜单命令

图2-13 保存图片

> **小知识**
>
> 在浏览网页的过程中，若发现有需要的素材图片，也可直接在图片上单击鼠标右键，在弹出的快捷菜单中选择"图片另存为"命令，打开"保存图片"对话框，使用相同的方法保存图片。

4. 屏幕截图

在使用计算机观看视频或浏览文件时，若发现有需要的素材，可通过截图的方式将其保存下来，便于以后使用。Windows提供了屏幕截图的功能，直接按【Print Screen】键即可截取整个屏幕画面；按【Alt+Print Screen】组合键则可以截取活动窗口画面。除此之外，还可以通过各种截图软件来实现，常见的截图软件有Snagit、红蜻蜓等。

腾讯QQ也自带捕捉屏幕的功能，方法是在聊天窗口的工具栏中单击"屏幕截图"按钮或按【Alt+Ctrl+A】组合键，然后在屏幕中拖动鼠标框选需要的图片区域，最后单击"保存"按钮，在打开的对话框中设置保存位置和格式即可。

5. 从素材网站收集图片

在互联网上也有专业提供图片素材的网站，这些网站上的图片素材类别多、质量高、尺寸多样，能够很好地满足日常工作中素材的使用需要。但需要注意，这类网站上的一些图片需要开通该网站的会员，或者花钱购买才能使用。常用的专业素材网站有素彩网、千图网、昵图网、我图网等。

2.2.2　图片素材的处理

在多媒体课件设计中，图片的使用是非常广泛的，因此，幼儿园教师还需要学会对收集的图片进行简单的处理，使其更加符合课件需要。Windows附件中的画图程序可以对图形图像进行简单的处理，Office软件也提供了对图片进行处理的功能。若要对图片进行复杂的处理，则可以使用专业的图形图像处理工具，如Photoshop、CorelDraw等，这些工具在处理图像时，功能更加强大，效果更加精细，同样，操作也相对复杂。

随着数字化的发展，也有一些功能强大、操作简单的软件受到非专业人士的喜爱，如美图秀秀、光影魔术手等，下面主要介绍美图秀秀的使用方法。

1. 抠取素材

在课件制作中，有时只需要图片中的一小部分，这时，就需要

扫一扫观看视频

对收集的素材进行抠图。使用美图秀秀抠图的具体操作如下。

第1步 启动"美图秀秀"，在打开的界面中单击"美化图片"按钮 ，在打开的界面中单击 打开一张图片 按钮，如图2-14所示。

第2步 打开"打开图片"对话框，在其中选择"勺子.jpg"文件，单击 打开(O) 按钮，如图2-15所示（素材参见：素材文件\第2章\勺子.jpg）。

图2-14　单击按钮

图2-15　选择素材图片

第3步 此时将打开提示对话框，提示打开的图片过大，是否缩小到合适尺寸，选中"记住我的选择"复选框，然后单击 是(推荐) 按钮，缩小尺寸打开图片，效果如图2-16所示。

第4步 在左侧单击"抠图笔"按钮 ，打开提示框提示选择一种抠图样式，在其中选择"自动抠图"选项，如图2-17所示。

图2-16　打开素材图片

图2-17　选择抠图样式

第5步 此时，鼠标变为 形状，在勺子图形上拖动鼠标进行标记，释放鼠标后即可得到勺子图像的选区，单击 完成抠图 按钮，如图2-18所示。

第6步 打开"抠图换背景"窗口，在"切换分类"下拉列表中选择"可爱背景"选项，在下方的"在线素材"列表框中选择一种背景素材，将其应用到图像中。在图像区域拖动鼠标，将素材拖到合适位置，并在"前景1"对话框中设置相关的参数，单击"确定"按钮，如图2-19所示。

图2-18　标记选区范围　　　　　　图2-19　更换背景

> **小知识**
>
> 在左侧单击"添加图片"按钮 ➕，打开"抠图"窗口，可对其他素材进行抠图，单击 ✔完成抠图 按钮返回"抠图换背景"窗口；单击左下角的 🖼更换背景 按钮，在打开的对话框中可选择一张喜欢的图片作为抠图对象的背景图片。

第7步　单击 保存 按钮，打开"保存与分享"对话框，在其中设置保存路径和名称，然后单击 保存 按钮即可，如图2-20所示。

第8步　保存图像后将显示保存成功，在对话框中单击 打开新图片 按钮，可打开新的图片进行编辑；单击 打开所在文件夹 按钮，可打开图片保存的文件夹。这里直接单击"关闭"按钮 ✖关闭对话框，如图2-21所示（最终效果参见：效果文件\第2章\勺子.jpg）。

2. 处理照片

在教学中，有时可以使用实物照片直观形象地表达教学内容，因此，幼儿园教师还需要学会对照片进行处理。使用美图秀秀处理照片的具体操作如下。

扫一扫观看视频

图2-20　保存图像文件

图2-21　关闭窗口

第1步　启动"美图秀秀"，单击"拼图"按钮，打开拼图界面，在中间单击 **+ 添加图片** 按钮，如图2-22所示。

第2步　打开"打开多张图片"对话框，在上方选择图片所在的位置，在中间区域按住【Ctrl】键不放单击鼠标选择需要添加的多张图片，单击 打开(O) 按钮，如图2-23所示（素材参见：素材文件\第2章\春.jpg、夏.jpg、秋.jpg、冬.jpg）。

图2-22　添加图片

图2-23　选择多张图片

第3步　打开选择的4张图片，此时将随机使用一种拼图模式对图片进行排版，根据个人的需求，在上方单击"模板拼图"选项卡，在右侧的"在线素材"列表框中选择一种拼图结构，图片将自动按照选择的拼图结构进行排版显示，如图2-24所示。

第4步　此时图片的排列顺序不正确，在图片左侧或图片中央拖动图片可调整图片的位置，单击图片显示区域右上角的 画布设置 按钮，弹出一个设置框，在"宽"和"高"数值框中输入一个尺寸可改变画布的大小，单击图片下方的 确定 按钮，完成拼图操作，如图2-25所示。

图2-24 选择模板拼图

图2-25 调整图片顺序并设置图布大小

第5步 返回美图秀秀工作界面，单击"美化"选项卡，单击左侧的 一键美化 按钮，系统根据图片的情况自动调整亮度、对比度等。在右侧列表框中选择"艺术"特效中的"油画"选项，为图片设置美化效果，如图2-26所示。

图2-26 美化图片

第6步 单击"文字"选项卡，单击 输入文字 按钮，自动打开"文字编辑框"，在上方输入"春"，在下方选择字体为"方正少儿_GBK"，然后拖动滑块调整字号大小，选择文字颜色。在"文字特效"列表框中选择一种文字效果，如图2-27所示。

第7步 在添加的文字上单击鼠标右键，在弹出的快捷菜单中选择"复制当前素材"命令，将文字复制一个，如图2-28所示。

第8步 通过"文字编辑框"将复制的文字修改为"夏"，使用相同方法，为其他两幅图复制并修改文字，最后将文字拖动到需要的位置，如图2-29所示。

多媒体课件设计与制作

（视频指导版）

图2-27　添加并设置文字

图2-28　复制文字

图2-29　修改文字并调整位置

第9步　单击"边框"选项卡，在左侧列表中选择"简单边框"，在右侧的"在线素材"中选择第一种边框样式，打开"边框"窗口，单击 ✅确定 按钮，如图2-30所示。

图2-30　添加边框

第10步 单击窗口右上角的"保存与分享"按钮 ⊞，在打开的对话框中设置保存路径和名称，然后单击 保存 按钮即可（最终效果参见：效果文件\第2章\四季.jpg）。

2.3
声音素材

在幼儿园课堂上，音频使用非常广泛。如为了更好地让幼儿掌握普通话的要领，可在课堂上进行示范朗读；又如为了调动幼儿听觉来接受知识，需要安排富有情感的故事讲解环节。声音的使用有利于集中幼儿的学习注意力，陶冶幼儿的情操，激发幼儿的学习潜力。

2.3.1 声音素材的收集

要收集幼儿园课堂中使用的声音素材，可通过录音机录制或者在网上下载。

1. 使用录音机录制音频

录音机是Windows系统自带的音频录制工具，使用录音机录制音频的具体操作如下。

第1步 将话筒插入声卡的话筒插口，然后单击"开始"按钮 🌐，在打开的菜单中选择"所有程序"选项，在打开的列表框中选择"附件"选项，然后在其下的子列表中选择"录音机"选项。

扫一扫观看视频

第2步 打开录音机，单击 ● 开始录制(S) 按钮，即可开始录制，如图2-31所示。

第3步 此时，录音机将开始录制音频，并显示录制时间，如图2-32所示。

图2-31 开始录制声音　　图2-32 显示录制时间

第4步 单击 ■ 停止录制(S) 按钮停止录制，并打开"另存为"对话框，在其中设置保存位置。

2. 网上下载声音

网络发达的今天，幼儿园多媒体课件设计中的音频更多的是来自网络共享资源。声音与图片素材的获取方式相似，在百度网页中输入需要搜索的关键字，然后单击"MP3"超链接，在打开的页面中找到需要的超链接，然后单击鼠标右键，在弹出的快捷菜单中选择"目标另存为"命令即可下载需要的音频。

2.3.2　声音素材的处理

声音素材的处理包括裁剪、更改音量、降噪、合成声音等操作，Windows自带的录音机功能较少，此时，可使用专业的音频编辑软件来完成，如GoldWave等。

GoldWave音频编辑软件具有声音编辑、播放、录制、转换等功能，不仅可以打开多种格式的音频文件，还可以进行丰富的音频特效处理，提高音质效果，满足不同用途的需求。下面将以GoldWave 5.67汉化版为例，详细介绍其使用方法。

1. 打开、新建和保存音频文件

录制音频是GoldWave的常用功能之一。下面首先启动GoldWave软件，打开计算机中的素材音频文件，然后录制一个音频文件，保存为"录音1.wav"，其具体操作如下。

第1步　安装GoldWave后，选择【开始】/【所有程序】/【GoldWave】/【GoldWave】命令，启动GoldWave。

扫一扫观看视频

第2步　进入软件操作界面，选择【文件】/【打开】命令，打开"打开声音文件"对话框，选择计算机中的任意音频文件。

第3步　单击 打开(O) 按钮，此时GoldWave的操作界面如图2-33所示。

图2-33　GoldWave操作界面

> **小知识**
>
> 如果是第一次启动GoldWave，则会在操作界面右侧打开一个控制器面板，该面板关闭后将以控制器栏的方式显示在音效栏下方。选择【工具】/【控制器】命令，可在两者间进行切换显示。

第4步 选择【文件】/【新建】命令，或者单击工具栏中的"新建"按钮 📄，
打开"新建声音"对话框，可以根据需要自行设置声音采样速率和初始
长度。这里在"预置"下拉列表中选择"CD音质，5分钟"选项，如图
2-34所示。

第5步 单击 确定 按钮，将生成一个空的音频文件，如图2-35所示。

图2-34 设置参数　　　　　　　　　图2-35 新建的音频文件

第6步 确认计算机已与话筒相连接，然后单击控制器栏中的"在当前选区内
开始录制"按钮🔴，开始录制声音，此时编辑显示窗口中将显示一些波
形，表示正在录制，如图2-36所示。

第7步 录制结束后单击控制器栏中的"结束录制"按钮🟥，然后选择【文件】/
【保存】命令或单击工具栏中的"保存"按钮💾，打开"保存声音为"
对话框。

第8步 选择音频文件保存位置，设置音频文件保存名称为"录音1"，在"保
存类型"下拉列表中选择"Wave（*.wav）"格式，单击 保存(S) 按
钮，如图2-37所示。

图2-36 正在录制音频　　　　　　　图2-37 保存音频文件

2. 裁剪音频文件

音频文件录制好后，根据需要可对其进行裁剪处理，即删除掉不需要的部分，用该方法也可提取已有音频文件中的部分音频。下面将对前面录制好的音频"录音1.wav"进行裁剪处理，其具体操作如下。

扫一扫观看视频

第1步 在编辑显示窗口中按住鼠标左键不放进行拖动，选择需要保留的音频波形，选择的音频波形将以蓝底状态高亮显示，未选择部分呈黑底状态显示，如图2-38所示。

图2-38 选择要保留的音频文件

第2步 单击控制器栏中的▶按钮，可只播放选取的部分音频，通过该操作可以确认要保留的音频部分，若不合适可重新进行选择。

第3步 选择需要保留的音频波形后，单击工具栏中的"裁剪"按钮▣▶，将不需要的部分删除，此时将只保留选取的音频波形。

第4步 用同样的方法可以继续裁剪音频，完成后保存音频文件。

3. 更改音量

更改音量包括调整音频的音量大小以及设置淡入和淡出音量效果等。下面更改前面录制的音频"录音1.wav"的音量，包括选择开始的一小段，增大其音量，再为开始的一段音频添加淡入效果，其具体操作如下。

扫一扫观看视频

第1步 在编辑显示窗口中按住鼠标左键不放并进行拖动，选择开始的一小段音频部分，然后选择【效果】/【音量】/【更改音量】命令，打开"更改音量"对话框。

第2步 在"预置"文本框中输入或选择一个数值，正数表示增大音量，负数表示减小音量，这里将数值设置为"2"，单击右侧的▶按钮即可进行试听，如图2-39所示。

图2-39 增大音量

第3步 单击 确定 按钮，关闭对话框并使设置生效，在编辑显示窗口中可看出音频波形的幅度会减小，如图2-40所示。

图2-40 查看效果

第4步 在编辑显示窗口中选择开始处的一小段音频部分，然后选择【效果】/【音量】/【淡入】命令，打开"淡入"对话框。

第5步 在"预置"下拉列表中选择"50%到完全音量，直线型"选项，单击右侧的 ▶ 按钮即可进行试听，如图2-41所示。

图2-41 设置淡入效果

第6步 单击 确定 按钮，确认设置，效果如图2-42所示。

图2-42 查看效果

4. 降噪和添加音效

利用GoldWave可以对声音的效果进行特效处理，如录制的音频有比较大的噪声时，可以利用GoldWave提供的降噪功能对其进行处理，还可添加回声和组合音效等，其具体操作如下。

扫一扫观看视频

第1步 选择全部音频，再选择【效果】/【滤波器】/【降噪】命令，打开"降噪"对话框。

第2步 在"预置"下拉列表中选择"初始噪音"选项，可有效地降低噪声，单击右侧的 ▶ 按钮即可进行试听，然后单击 确定 按钮使设置生效，如图2-43所示。

第3步 选择最后一小段音频，选择【效果】/【回声】命令，打开"回声"对话框。

第4步 分别调整"延迟""音量""反馈"等各项参数，对回声的效果进行设置，也可以直接在"预置"下拉列表中选择GoldWave预置的一些常见的回声效果，这里选择"机器人"选项，如图2-44所示。

图2-43 设置降噪

图2-44 设置回声

第5步 单击右侧的 ▶ 按钮即可进行试听，满意后单击 确定 按钮使设置生效，效果如图2-45所示。保存音频（最终效果参见：效果文件\第2章\录音1.wav）。

图2-45 查看效果

5. 合并音频文件

合并音频文件是指将多个音频文件合成一个音频文件，并保存成新的音频文件。下面对计算机中的"背景音乐.wav"和"听.wav"两个音频文件（素材参见：素材文件\第2章\背景音乐.wav、听.wav）进行合并操作。

扫一扫观看视频

第1步 选择【工具】/【文件合并器】命令，打开"文件合并器"对话框。单击 添加文件... 按钮，打开"添加文件"对话框，按【Ctrl】键的同时单击鼠标，选择多个文件，如图2-46所示，单击 打开(O) 按钮。

第2步 返回"文件合并器"对话框，根据需要调整合并的顺序，单击 合并... 按钮，如图2-47所示。

图2-46 "添加文件"对话框

图2-47 "文件合并器"对话框

第3步 打开"保存声音为"对话框，设置保存合并后声音文件的位置、类型、文件名，再单击 保存(S) 按钮，开始合并并保存音频文件，完成后打开音频文件即可查看合并后的效果（最终效果参见：效果文件\第2章\合并后音频.wav）。

> **小知识**
>
> 在GoldWave的编辑显示窗口中选择音频波形后按【Ctrl+C】组合键复制音频，然后单击要复制到的位置后按【Ctrl+V】组合键进行粘贴，可实现音频的复制操作。同样，结合【Ctrl+X】组合键和【Ctrl+V】组合键可以实现音频的剪贴操作。

2.4

视频素材

视频集声、光、画为一体，能给人以直观的感受。在幼儿园多媒体教学设计中，可将自然风光、人文景观等用视频的形式来表现，进行辅助教学，这种方式更加适合幼儿的身心特点，更易于激发幼儿的学习兴趣。

2.4.1　视频素材的收集与处理

下面分别介绍视频素材的收集方式和视频素材的处理操作。

1.　视频素材的收集

视频素材的收集与图片的收集方式相似，主要通过自行拍摄收集和网络下载收集。

- **自行拍摄**：利用数码相机可以直接拍摄数字形式的影像，并保存为视频格式，不需要转换可直接输入到计算机中。这种方式的视频体积小，便于携带，使用方便。
- **网络下载**：网络中的视频资源格式繁多，因此下载视频时，需要注意视频文件的格式。由于视频文件通常比较大，因此，可以借助专门的下载工具来完成，常用的下载工具如迅雷软件。这些工具的操作方法相对简单，这里就不再介绍。

2. 视频素材的处理

Windows DVD Maker是Windows 7自带的用于刻录视频光盘的软件，且易学易用，它可将家庭影片和照片制作成具有专业效果的DVD视频，能够使用DVD播放机在计算机或电视中播放。使用Windows DVD Maker处理视频的具体操作如下。

扫一扫观看视频

第1步 将数码相机的数据线，一端与计算机的USB接口连接；另一端与数码相机连接。

第2步 打开数码相机，选择默认的"拍摄"模式，按数码相机上的【OK】键。此时的数码相机就成为数码摄像机。

第3步 打开"计算机"窗口，在该窗口中可看到新添加的可移动磁盘的盘符，如图2-48所示，双击该盘符进入并查看存储的内容，如图2-49所示。

第4步 选择需要导入到计算机中的图片和视频文件，按【Ctrl+C】组合键复制。

图2-48 查看可移动磁盘　　　　图2-49 查看存储的内容

第5步 打开存储图片和视频文件的文件夹，按【Ctrl+V】组合键粘贴。

第6步 选择【开始】/【所有程序】/【Windows DVD Maker】命令，启动Windows DVD Maker程序。初次运行该软件时会显示默认的欢迎界面，选中"下次不要再显示此页"复选框，单击 选择照片和视频(P) 按钮，如图2-50所示。

第7步 打开"向DVD添加图片和视频"窗口，单击 添加项目 按钮，如图2-51所示。

第8步 打开"将项目添加到DVD"对话框，选择要导入的图片和视频文件（素材参见：素材文件\第2章\01.jpg、02.jpg、03.jpg、鱼.avi），然后单击 添加 按钮，如图2-52所示。

图2-50 欢迎界面

图2-51 单击"添加项目"按钮

第9步 返回"向DVD添加图片和视频"窗口，在中间的列表框中可看到导入的图片和视频文件，如图2-53所示。

图2-52 选择图片和视频

图2-53 导入图片和视频文件

第10步 导入视频后，单击 下一步(N) > 按钮进行菜单和样式的设置，在新打开的窗口中单击菜单栏上的 菜单文本 按钮，如图2-54所示。

第11步 打开"更改DVD菜单文本"窗口，在其中可更改DVD的标题、菜单字体、字形，以及显示在菜单上的文本内容。这里将文本格式设置为"幼圆、橙色"，DVD标题设置为"周末郊游"，单击 更改文本(C) 按钮，如图2-55所示。

第12步 返回"准备刻录DVD"窗口，在右侧的菜单样式列表框中选择"软焦点"菜单样式，单击 预览 按钮，如图2-56所示。

第13步 Windows DVD Maker自动生成预览，如图2-57所示，稍后进入预览菜单。

图2-54　添加菜单文字

图2-55　设置文本样式

> **小知识**
>
> Windows DVD Maker能自定义菜单样式，给导入的视频添加菜单文本，以及给DVD菜单添加音频效果，还能将设置好的视频刻录为DVD，便于欣赏和保存。

图2-56　选择菜单样式

图2-57　生成预览

第14步　此时打开预览对话框，单击 确定(O) 按钮可退出预览模式，如图2-58所示。

第15步 单击菜单栏中的 文件 按钮，在打开的下拉菜单中选择"另存为"选项，打开"保存项目"对话框。

第16步 选择要保存的位置，在"文件名"文本框中输入"周末郊游"，单击 保存 按钮，如图2-59所示，保存项目即可。

图2-58　查看效果　　　　　　　　　图2-59　保存视频

2.4.2　更改视频格式

计算机技术的发展，促进了数字化的视频后期剪辑技术的不断发展，从而使用于存储影像的视频格式多种多样。下面针对常见的几种格式进行简单介绍。

● **AVI格式（Audio/Video Interleave）**：即音频视频交错格式，可将视频和音频交织在一起进行同步播放。其优点是兼容性好、调用方便、图像质量佳。

● **MPEG格式（Motion Picture EXPertS Group）**：即运动图像专家组格式，日常生活中常见的VCD、SVCD、DVD便是这种格式。

● **ASF格式（Advanced Streaming Format）**：可直接在网上观看视频节目的流媒体文件压缩格式，可直接使用Windows自带的Windows Media Player对其进行播放。采用MPEG-4的压缩算法，压缩率和图像质量都非常不错。

● **NAVI格式（newAVI）**：一种新的视频格式，由ASF的压缩算法修改而来，拥有比ASF更高的帧率，为非网络版本的ASF。

● **WMV格式**：WMV是Microsoft开发的一组数位视频编解码格式的通称，ASF（Advanced Systems Format）是其封装格式。ASF封装的WMV档具有"数位版权保护"功能。

● **MOD格式**：MOD格式是JVC生产的硬盘摄录机所采用的存储格式名称。

使用格式工厂软件可以轻松地将视频文件转换为MP4、AVI、MKV、WMV、MPG、FLV、MOV等格式。下面将"视频.mp4"（素材参见：素材文件\第2章\视频.mp4）转换为AVI格式，其具体操作如下。

第1步 启动格式工厂软件，在主界面左侧的功能切换区中单击
"视频"按钮，在展开的"视频"选项卡中单击"所
有转到AVI"按钮，如图2-60所示。

第2步 打开"所有转到AVI"对话框，在其中单击 添加文件 按
钮，如图2-61所示。

扫一扫观看视频

图2-60 选择转换格式　　　　　图2-61 添加文件

第3步 打开"打开"对话框，在"查找范围"下拉列表中选择要打开的素材所
在的位置，并选择要打开的素材，单击 打开(O) 按钮，如图2-62所示。

第4步 返回到"所有转到AVI"对话框，在"输出文件夹"下拉列表中选择输
出文件存储位置，单击 输出配置 按钮，如图2-63所示。

图2-62 选择要添加的视频文件　　　　　图2-63 单击"输出设置"按钮

第5步 打开"视频设置"对话框，在"配置"栏中可以设置屏幕大小等参数，

然后单击 ➡️ 确定 按钮，如图2-64所示。

第6步 返回到"所有转到AVI"对话框，在"输出文件夹"下拉列表中选择输出文件的保存位置。

第7步 单击 ➡️ 确定 按钮，此时在格式工厂主界面的文件列表区中将自动显示所添加的视频文件，然后单击工具栏中的"开始"按钮，开始执行转换操作，如图2-65所示。

| 图2-64　设置输出视频配置参数 | 图2-65　正在转换视频文件 |

第8步 完成后打开输出文件夹即可查看转换后的视频文件（最终效果参见：效果文件\第2章\视频.avi）。

2.5

动画素材

　　动画是对幼儿身心发展最有感染力的素材之一，它能够利用多媒体动态地展示图形变换的过程或事物的形成，具有强烈的直观性。数字化发展的今天，幼儿从小就接触动画片，若能模仿动画中的人物参与教学活动，则能够有效拉近教学内容与幼儿的距离，并能激发他们的兴趣。因此，在多媒体课件中添加动画素材能够加强教学效果。

2.5.1　动画素材的格式

　　动画是通过连续播放一系列的画面，在视觉上造成连续变化的图像效果。动画的基本原理是视觉暂留效应，常见的动画格式主要有GIF动画和Flash动画等。下面具体介绍相关动画素材的格式。

- **GIF动画**：GIF是Graphics Interchange Format（图形交换格式）的缩写，是由CompuServe公司在20世纪80年代推出的一种高压缩比的彩色图像文件格式。它的本质是一种图像，网页上的GIF动画采用保存图像的方法即可下载，也可使用复制粘贴的方法来保存。
- **Flash动画**：Flash动画是使用Flash软件制作的动画，其后缀名为.swf。这种动画的体积较小，可与HTML紧密结合。利用搜索引擎，输入关键字并进行搜索，即可得到对应的资源列表，其下载方法与视频的下载方法相同。

2.5.2　动画素材的收集

Flash动画最基本的组件就是对象，可以使用工具箱中的绘图工具在图像编辑区中绘制矢量对象，再将其保存为组件，便于后面重复使用。对象在场景中的某一时刻静止，叫作帧。每个场景可创建多个图层，每个图层中又可放置若干个对象，改变对象在场景中的不同位置和形态，就可使其产生动画效果。使用Flash制作动画的具体操作请参见本书第5章中的详细讲解。

三维动画又叫3D动画，在课件的使用中也非常常见。3D动画可从网上的素材库中下载获得，也可使用三维动画制作软件来制作，如Maya或3ds Max软件。Maya是美国Autodesk公司出品的世界顶级的三维动画制作软件，应用对象非常广泛，如专业的影视广告、角色动画、电影特效等，但操作也相对复杂；3ds Max是世界上应用最广泛的三维建模、动画、渲染软件，可以满足高清动画制作、游戏设计等领域的需要，但同样操作相对复杂，幼儿园的教师只需要掌握Flash制作动画的相关知识即可。

2.6

课后练习

本章主要介绍了在设计多媒体课件过程中要使用到的素材的收集和处理方法，学好这些知识将有利于教师设计出更加符合教学需要、画面精美、效果理想的多媒体课件。

1. 制作动物拼图

本练习将使用美图秀秀来制作一个介绍动物的拼图，首先启动美图秀秀，然后将提供的4张动物素材图片分别打开（素材参见：素材文件\第2章\04.jpg、05.jpg、08.jpg、09.jpg），并为其添加文字说明，然后使用拼图功能进行拼合，完成后的参考效果如图2-66所示（最终效果参见：效果文件\第2章\拼图.jpg）。

图2-66　拼图效果

2. 制作并处理打碎玻璃杯的录音

本练习将使用GoldWave录制一个名为"打碎玻璃杯的录音.wav"的音频文件，然后利用格式工厂将其转换为MMF格式，操作过程如图2-67所示（最终效果参见：效果文件\第2章\打碎玻璃杯的录音.mmf）。

图2-67　制作打碎玻璃杯的录音

2.7

拓展知识

下面主要介绍一款功能强大的视频处理软件——Adobe Premiere。Adobe Premiere是由Adobe公司推出的一款经典的影视非线性编辑软件。它的编辑画面质量比较高，且兼容性较好，可以与Adobe公司推出的其他软件相互协作，是视频编辑爱好者和专业人士非常青睐的视频编辑工具，图2-68所示为Adobe Premiere的操作界面。

图2-68　Adobe premiere操作界面

● **主要特点**：它是一款简单易学、高效、精确的视频剪辑软件，在进行视频编辑、节目预览、视频捕获以及节目输出等操作时，可以在兼顾效果和播放速度的同时，实现较好的影音效果。

● **主要功能**：它的功能主要包括对影视节目进行剪辑、转场及特效处理，在视频素材上增加各种字幕、图标，影音文件的压缩合成，与线性设备的实时对接等，从采集到编辑，最后合成、存盘或刻录，使编辑更加随心所欲，效果更加酣畅淋漓。

第 3 章
PPT演示型课件制作（一）

　　教师根据教学目标，利用PowerPoint合理地将教学内容按照一定的组织结构制作成的课件，叫演示型课件。对于幼儿而言，演示型课件的生动性、对照性特点可极大地提高幼儿对事物的认知，因此，制作生动活泼的PPT演示型课件是幼儿教师需要掌握的技能。本章通过3个具体案例来讲解使用PowerPoint 2010制作演示型课件的基本方法。

3.1

制作"植物有哪些部分"课件

　　PowerPoint是一款在幼儿园教学中最为常见的演示型课件制作软件。一个演示文稿由多张幻灯片组成，一张幻灯片由多个对象内容组成。在学习PowerPoint 2010的使用方法前，首先应该掌握PowerPoint 2010的基本操作。本节将通过制作"植物有哪些部分"课件来具体讲解PowerPoint 2010的基本操作，参考效果如图3-1所示。

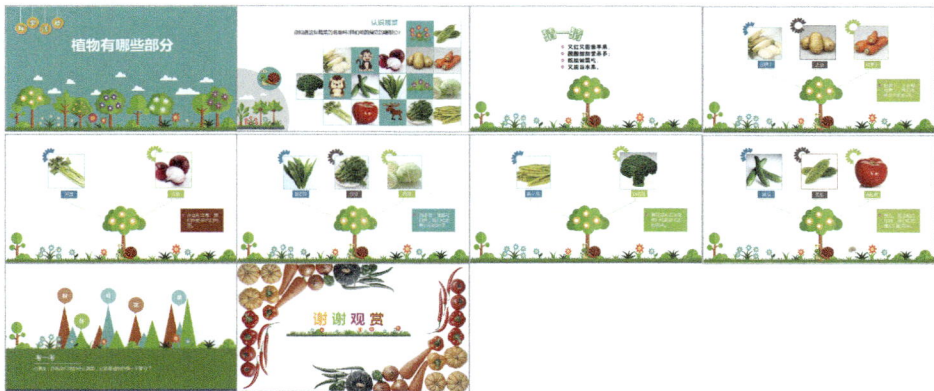

图3-1　"植物有哪些部分"课件

3.1.1　认识PowerPoint 2010的工作界面

　　选择【开始】/【所有程序】/【Microsoft Office】/【Microsoft PowerPoint 2010】命令，启动PowerPoint 2010后即可看到其工作界面，如图3-2所示。

- ● **"P"按钮**：在标题栏的最左端有个"P"按钮，单击该按钮，在打开的下拉列表中可以对当前窗口进行最大化、最小化、移动和关闭等操作。
- ● **标题栏**：PowerPoint的标题栏位于工作界面的最上方，左侧的文字分别代表演示文档名称和PowerPoint软件名称，右侧的3个按钮分别用于对工作界面窗口执行最小化、还原/最大化、关闭操作。

图3-2　PowerPoint 2010工作界面

- **快速访问工具栏**：在 **P** 按钮的右侧是快速访问工具栏，其中提供了最常用的"保存"按钮 🔚 、"撤销"按钮 ↩ 和"恢复"按钮 ↻。如需在快速访问工具栏中添加其他按钮，可单击其后的 ▼ 按钮，在打开的下拉列表中选择所需的选项即可。

- **功能区选项卡和功能区**：PowerPoint 2010将所有的常用命令集成在几个功能区选项卡中，单击功能区选项卡可切换到相应的功能区，在功能区中有许多自动适应窗口大小的工具组，不同的工具栏中又放置了与此相关的命令按钮或列表框。而"文件"选项卡用于执行PowerPoint演示文稿的新建、打开、保存和退出等基本操作，在功能区中选择相应的命令，将显示对应的任务窗格，如图3-3所示。

图3-3　"文件"选项卡功能区

- **"功能区最小化"按钮** ⌃：在功能区选项卡的右端有一个"功能区最小化"按钮 ⌃，单击可以隐藏工作界面中的功能区，仅显示功能区选项卡。此时，该按钮变为"展开功能区"按钮 ♥，再次单击即可在工作界面中重新显示功能区。

- **"帮助"按钮 ❷**：在功能区选项卡的最右端有一个"帮助"按钮 ❷，单击该按钮可打开相应的"PowerPoint 帮助"窗口，在其中可查找到用户需要的帮助信息。如果计算机连接到Internet，帮助系统会自动从Microsoft Office Online网站获取更多的帮助内容，以供用户查阅。
- **幻灯片编辑窗口**：幻灯片编辑窗口用于显示和编辑幻灯片，在"幻灯片/大纲"窗格中单击某张幻灯片，该幻灯片的内容将显示在幻灯片编辑窗口中。幻灯片编辑窗口是使用PowerPoint制作演示文稿的操作平台，其中可输入文字、插入图片、设置动画效果等。如果当前演示文稿中有多张幻灯片，其右侧将出现一个滚动条，单击 ▲ 或 ▲ 按钮，可切换到上一张幻灯片；单击 ▼ 或 ▼ 按钮，可切换到下一张幻灯片，如图3-4所示。单击"视图"选项卡，在【视图】/【显示】组中选中"标尺"复选框，可在幻灯片编辑窗口上方和左侧显示标尺，通过标尺可方便查看和调整幻灯片中各对象的对齐情况。

图3-4　幻灯片编辑窗口

- **"幻灯片/大纲"窗格**：用于显示演示文稿的幻灯片数量及位置，它包括"大纲"和"幻灯片"两个选项卡，单击这两个选项卡可在不同的窗格间进行切换，默认打开"幻灯片"窗格。"幻灯片"窗格将显示整个演示文稿中幻灯片的编号及缩略图，"大纲"窗格将列出当前演示文稿中各张幻灯片中的文本内容。
- **"备注"窗格**：由于幻灯片中添加的都是关键信息，但演示幻灯片的过程中还会涉及不适合放入幻灯片中的其他内容，因此制作者可以将相应幻灯

多媒体课件设计与制作

（视频指导版）

片的说明内容及注释信息添加到"备注"窗格中，再将其打印出来，就能达到辅助演示的目的。

- **状态栏**：状态栏位于窗口底端，主要用于显示当前演示文稿的编辑状态和显示模式，如图3-5所示。单击状态栏右侧的图标或、按钮，可调整当前幻灯片的显示大小，单击右侧的按钮，可按当前窗口大小自动调整幻灯片的显示比例，使其在当前窗口中可以看到幻灯片的整体效果，且显示比例为最大。

幻灯片当前页数　　当前模板类型　　　　　　　视图模式切换按钮

幻灯片 第 1 张，共 29 张　"pptkorea_0Ae132926[1]"　中文(中国)　　　55%　　　

幻灯片总页数　　　　　　　　　　　　幻灯片放映按钮

图3-5　状态栏

3.1.2　幻灯片的视图模式

PowerPoint 2010提供了多种视图模式以满足不同用户的需要，在【视图】/【演示文稿视图】组中单击对应的按钮即可切换到相应的视图模式。下面介绍各种视图模式。

- **普通视图**：PowerPoint 2010默认显示普通视图，若当前视图在其他视图模式下，可在【视图】/【演示文稿视图】组中单击"普通视图"按钮切换到普通视图，它是操作幻灯片时主要使用的视图模式，如图3-6所示。
- **阅读视图**：在【视图】/【演示文稿视图】组中单击"阅读视图"按钮可切换到阅读视图。阅读视图将以全屏动态方式显示演示文稿的放映效果，预览演示文稿中设置的动画和声音，并且能观察每张幻灯片的切换效果，如图3-7所示。

图3-6　普通视图　　　　　　　　图3-7　阅读视图

- **幻灯片浏览视图**：在【视图】/【演示文稿视图】组中单击"幻灯片浏览视图"按钮 可切换到幻灯片浏览视图。在幻灯片浏览视图中可以浏览整个演示文稿中的幻灯片，改变幻灯片的版式、设计模式、配色方案等，也可重新排列、添加、复制或删除幻灯片，但不能编辑单张幻灯片的具体内容，如图3-8所示。

- **备注页视图**：在【视图】/【演示文稿视图】组中单击"备注页视图"按钮 可切换到备注页视图。备注页视图是将备注窗格以整页格式进行显示，制作者可以方便地在其中编辑备注内容，如图3-9所示。

图3-8　幻灯片浏览视图

图3-9　备注页视图

3.1.3　新建演示文稿

PowerPoint 2010中提供了多种新建演示文稿的方法，包括新建空白演示文稿、利用模板新建演示文稿和使用主题新建演示文稿等，下面就对这些创建方法进行讲解。

- **通过命令新建空白演示文稿**：启动PowerPoint 2010后，选择【文件】/【新建】命令，在"可用的模板和主题"栏中单击"空白演示文稿"图标 ，再单击"创建"按钮 ，如图3-10所示。

- **通过快捷菜单新建空白演示文稿**：在桌面空白处单击鼠标右键，在弹出的快捷菜单中选择【新建】/【Microsoft PowerPoint演示文稿】命令，如图3-11所示。

- **通过自带模板新建演示文稿**：启动PowerPoint 2010，选择【文件】/【新建】命令，在"可用的模板和主题"栏中单击"样本模板"图标 ，在打开的页面中选择所需的模板选项，单击"创建"按钮 ，如图3-12所示。

- **网上下载模板新建演示文稿**：选择【文件】/【新建】命令，在中间的"Office.com模板"栏中单击"PowerPoint演示文稿和幻灯片"图标 ，在打开的页面中选择一种演示文稿样式，然后在打开的该种演示文稿样式页面中选择需要的模板样式，单击"下载"按钮 ，如图3-13所示。在打开

图3-10　通过命令新建空白演示文稿

图3-11　通过快捷菜单新建空白演示文稿

图3-12　通过自带模板新建演示文稿

图3-13　网上下载模板新建演示文稿

的"正在下载模板"对话框中显示下载的进度。下载完成后，自动根据下载的模板新建演示文稿。

● **通过主题新建演示文稿**：选择【文件】/【新建】命令，在打开页面中的"可用的模板和主题"栏中单击"主题"图标，再在打开的页面中选择需要的主题，最后单击"创建"按钮，如图3-14所示，创建一个已运用

图3-14　利用主题创建演示文稿

主题样式的演示文稿。

3.1.4 打开演示文稿

如果需要对创建的演示文稿进行编辑，首先需要进行打开操作，其具体操作如下。

第1步 启动PowerPoint 2010后，选择【文件】/【打开】命令，如图3-15所示。

第2步 打开"打开"对话框，在其中选择"植物有哪些部分"演示文稿（素材参见：素材文件\第3章\植物有哪些部分.pptx），单击 [打开(O)] 按钮，如图3-16所示。

图3-15 选择"打开"命令　　　图3-16 "打开"对话框

小知识

在"打开"对话框中单击 [打开(O)] 按钮右侧的 按钮，在打开的下拉列表中可以选择演示文稿的特殊打开方式。如"以只读方式打开"表示打开的演示文稿只能浏览不能修改；"以副本方式打开"表示将演示文稿作为副本打开，对演示文稿的编辑不会影响源文件；"在受保护的视图中打开"表示打开的演示文稿自动进入只读状态；"打开并修复"表示PowerPoint将自动修复因未及时保存等原因损坏的演示文稿，修复完成后自动打开。

3.1.5 选择幻灯片

对幻灯片进行各种操作之前都必须先选择幻灯片，选择后才能对其中的内容进行编辑。选择幻灯片的方法主要有以下几种。

● 选择单张幻灯片：在"大纲/幻灯片"窗格或"幻灯片浏览"视图中，单击幻灯片缩略图，可选择单张幻灯片。

● 选择多张连续的幻灯片：在"大纲/幻灯片"窗格或"幻灯片浏览"视图中，单击要连续选择的第1张幻灯片，按住【Shift】键不放，再单击需选择的最后一张幻灯片，两张幻灯片之间的所有幻灯片均被选择。

● 选择多张不连续的幻灯片：在"大纲/幻灯片"窗格或"幻灯片浏览"视图中，单击要选择的第1张幻灯片，按住【Ctrl】键不放，依次单击选择多张不连续的幻灯片。

● 选择全部幻灯片：在"大纲/幻灯片"窗格或"幻灯片浏览"视图中，按【Ctrl+A】组合键，选择当前演示文稿中所有的幻灯片。

3.1.6 添加和删除幻灯片

新建的空白演示文稿只有一张幻灯片，通常需要新建其他的幻灯片来充实演示文稿的内容，另外，若创建了多余的幻灯片，还可以将其删除。下面分别讲解添加和删除幻灯片的方法，其具体操作如下。

扫一扫观看视频

第1步 在"幻灯片/大纲"窗格中单击第1张幻灯片，然后在"开始"选项卡的"幻灯片"组中单击"新建幻灯片"按钮下方的 新建幻灯片 按钮，在打开的下拉列表中选择"标题和内容"版式。

第2步 系统将根据所选择的版式添加一张幻灯片，并且，PowerPoint将自动对各张幻灯片进行重新编号，如图3-17所示。

图3-17 添加幻灯片

小知识 在"幻灯片/大纲"窗格中按【Enter】键，或在"幻灯片/大纲"窗格中单击鼠标右键，在弹出的快捷菜单中选择"新建幻灯片"命令，都可在当前幻灯片后面插入一张新幻灯片。

第3步　在"幻灯片/大纲"窗格中选择第2张幻灯片，单击鼠标右键，在弹出的快捷菜单中选择"删除幻灯片"命令。

第4步　系统将删除选择的第2张幻灯片，如图3-18所示。

图3-18　删除幻灯片

> **小知识**
>
> 在"幻灯片/大纲"窗格中按住【Shift】键可选择多张连续的幻灯片，按住【Ctrl】键可选择多张不连续的幻灯片，在选择幻灯片后，直接按【Delete】键可快速删除所有选择的幻灯片。

3.1.7　移动与复制幻灯片

由于幻灯片所处的前后位置决定了它在整个演示文稿中的播放顺序，因此可移动幻灯片重新调整幻灯片的位置，也可复制已制作完成的幻灯片，再根据需要进行修改，以减少制作时间，提高工作效率。下面在前面创建的演示文稿中移动和复制幻灯片，其具体操作如下。

扫一扫观看视频

第1步　在"幻灯片/大纲"窗格中选择第3张幻灯片，按住鼠标左键不放，将其拖曳到第4张幻灯片下方，这时将有一条横线随之移动。

第2步　释放鼠标即完成幻灯片的移动，这时原来第3张幻灯片的编号将自动变为第4张，如图3-19所示。

第3步　在"幻灯片/大纲"窗格中选择第5张幻灯片，单击鼠标右键，在弹出的快捷菜单中选择"复制"命令。

第4步　将鼠标指针移动到第2张幻灯片下面单击，然后单击"粘贴"按钮，在打开的下拉列表中选择"保留源格式"命令，完成幻灯片的复制，如图 3-20所示。

图3-19　移动幻灯片

小知识

选择相应的幻灯片后，在其上单击鼠标右键，在弹出的快捷菜单中选择"复制"命令，可在不同的位置粘贴幻灯片；若选择"复制幻灯片"命令，则直接在所选的幻灯片后粘贴幻灯片。

图3-20　复制幻灯片

小知识

在进行幻灯片的粘贴时，弹出的快捷菜单中将显示"粘贴选项"栏，通常有3个选项。选择"使用目标主题"选项，移动或复制的幻灯片与现有的其他幻灯片在主题风格上保持一致，但格式上会有一些变化；选择"保留源格式"选项，移动或复制的幻灯片将保留幻灯片原样，不会转换为现有幻灯片主题；选择"图片"选项，则只移动或复制幻灯片中的图片。

3.1.8 输入并编辑文本

在不同的演示文稿中，其主题、表现方式都会有所差异，但无论是哪种类型的演示文稿，都不可能缺少文字内容。下面在前面创建的演示文稿幻灯片中输入并编辑文本，其具体操作如下。

扫一扫观看视频

第1步 选择第1张幻灯片，将鼠标指针移动到显示"请输入标题"的标题占位符处单击定位插入点，拖动鼠标选择其中的文本，按【Delete】键删除，然后输入"植物有哪些部分"文本，如图3-21所示。

第2步 选择第2张幻灯片，在"输入标题"文本框中输入"认识蔬菜"文本，然后选择下面的"输入内容"文本框，在其中输入"你知道这些蔬菜的名称吗？我们吃的是它的哪部分？"文本，如图3-22所示。

图3-21 输入标题文本

图3-22 输入内容文本

> **小知识**
>
> 这里因为提供的素材模板中已经为文本框设置了格式，因此，在这类文本框中直接输入文本会自动应用设置的格式。

第3步 选择第4张幻灯片，在右侧的矩形框上单击鼠标右键，在弹出的快捷菜单中选择"编辑文字"命令。

第4步 此时，在矩形框中将显示文本插入点，在其中输入"芹菜和洋葱，我们吃的是它们的茎"，如图3-23所示。

第5步 使用相同的方法在第5~8张幻灯片对应的文本框中输入相应的文本。

第6步 选择第9张幻灯片，在其中输入相关的文本，完成后的效果如图3-24所示。

图3-23 输入文本

第7步 选择第10张幻灯片，在其中输入结束语文本"谢谢观赏"，完成后的效果如图3-25所示。

图3-24 输入思考文本

图3-25 输入结束语

3.1.9 美化文本

使用默认的文本格式会使幻灯片显得枯燥，影响幼儿的观赏兴趣。在制作幻灯片时，可通过设置文本格式、应用艺术字等方法来美化幻灯片，提高观赏性，下面进行具体介绍。

1. 插入艺术字

在幻灯片中插入艺术字的具体操作如下。

第1步 选择第1张幻灯片，在"插入"选项卡的"文本"组中单击"艺术字"按钮 A，在打开的下拉列表中选择图3-26所示的选项。

第2步 此时将在幻灯片中添加一个所选样式的艺术字文本框，在其中输入"科"文本，如图3-27所示。

第3步 选择艺术字所在的文本框，然后在"开始"选项卡的"字体"组中的"字体"下拉列表中选择"方正剪纸简体"选项，在"字号"下拉列表中选择"28"选项，单击"加粗"效果按钮 B，效果如图3-28所示。

扫一扫观看视频

图3-26 选择艺术字

图3-27 输入文本

第4步　保持艺术字文本框的选择状态，在"格式"选项卡的"艺术字样式"组中单击"艺术字效果"按钮 🄰▾，在打开的下拉列表中选择"阴影"选项，在打开的子列表中选择"内部"栏中的"内部右上角"选项，如图3-29所示。

图3-28 设置艺术字字体

图3-29 设置艺术字样式

第5步　将艺术字移动到左上角合适位置，效果如图3-30所示。

第6步　选择艺术字，按【Ctrl+C】组合键复制，然后按3次【Ctrl+V】组合键粘贴，将复制的3个艺术字分别移动到其他圆形图形上，然后修改其中的文本，完成后的效果如图3-31所示。

2. 设置文本格式

　　在幻灯片中输入的文本字体默认为宋体，而幻灯片是一个观赏性较强的文档，因此可设置其文本格式，使其效果更美观，如设置字体、字号、字体颜色和特殊效果。下面在"植物有哪些部分"演示文稿中设置文本的格式，其具体操作如下。

扫一扫看视频

图3-30　调整艺术字位置

图3-31　制作其他艺术字

第1步　选择第4张幻灯片，在其中选择输入的文本，然后在"开始"选项卡的"字体"组中单击"对话框启动器"按钮 ，如图3-32所示。

第2步　打开"字体"对话框，在"中文字体"下拉列表中选择"微软雅黑"选项，在"偏移量"文本框中输入"0%"，单击 确定 按钮，如图3-33所示。

图3-32　单击"对话框启动器"按钮

图3-33　设置字体

第3步　然后在"段落"组中单击"项目符号"按钮 ，在打开的下拉列表中选择"项目符号和编号"选项，如图3-34所示。

第4步　打开"项目符号和编号"对话框，在其中单击 图片(P)... 按钮，如图3-35所示。

第5步　在打开的对话框中单击 导入(I)... 按钮，打开"将剪辑添加到管理库"对话框，在其中选择"图片"选项（素材参见：素材文件\第3章\图片.png），单击 添加(A) 按钮，如图3-36所示。

第6步　返回"图片项目符号"对话框，在其中选择添加的图片样式，然后单击 确定 按钮，如图3-37所示。

第7步　返回幻灯片即可查看添加项目符号后的效果，如图3-38所示。

图3-34　选择"项目符号和编号"选项

图3-35　单击"图片"按钮

图3-36　选择图片

图3-37　选择项目符号样式

第8步　在"开始"选项卡的"剪贴板"组中单击"格式刷"按钮 ，然后选择第5张幻灯片，拖动鼠标选择形状中的文本，为其应用格式，效果如图3-39所示。

图3-38　查看添加项目符号后的效果

图3-39　复制格式

第9步 使用相同的方法为其他幻灯片的形状中的文本复制格式。

第10步 选择第9张幻灯片，在其中将标题文本的字符格式设置为"微软雅黑、28"，内容文本的字符格式设置为"微软雅黑、18"，效果如图3-40所示。

第11步 选择第10张幻灯片，在其中选择第1个文本，然后在"开始"选项卡的"字体"组中单击"字体颜色"按钮 A，在打开的下拉列表中选择"橙色"选项，如图3-41所示。

图3-40　设置字符格式　　　　　图3-41　设置第1个文本颜色

第12步 此时选择的文字将应用设置的颜色，使用相同的方法为其他文本设置颜色，效果如图3-42所示。

第13步 选择第3张幻灯片，在其中拖动鼠标选择不需要的幻灯片元素，然后按【Delete】键将其删除，如图3-43所示。

图3-42　设置其他字符颜色　　　　　图3-43　删除多余的元素

3. 插入文本框

当幻灯片中的文本框不能满足需求时，可手动添加文本框输入文本，其具体操作如下。

第1步 在"插入"选项卡的"文本"组中单击"文本框"按钮 ，在打开的下拉列表中选择"横排文本框"选项，如图3-44所示。

扫一扫观看视频

第2步 在幻灯片中拖动鼠标绘制文本框，并输入文本，效果如图3-45所示。

图3-44 选择横排文本框　　　　　图3-45 绘制文本框并输入文本

第3步 将文本框移动到幻灯片中间位置，然后设置字符格式为"方正少儿简体、24号"，并为其添加花朵样式的项目符号，效果如图3-46所示。

第4步 在"插入"选项卡的"文本"组中单击"艺术字"按钮 ，在打开的下拉列表中选择图3-47所示的选项。

图3-46 调整文本框位置　　　　　图3-47 选择艺术字样式

第5步 在插入的艺术字文本框中输入"猜一猜"文本，在"格式"选项卡的"艺术字样式"组中单击"艺术字效果"按钮 ，在打开的下拉列表中选择"转换"选项，在打开的子列表中选择"跟随路径"栏中的"上弯弧"选项，如图3-48所示。

> **小知识**
>
> 将鼠标移动到文本框四周的控制点上，拖动鼠标可调整文本框的大小。需要注意的是，绘制文本框后，如果没有在输入文本时取消文本框的选中状态，则需要单击鼠标右键，在弹出的快捷菜单中选择"编辑文字"命令才能重新定位插入点。

第6步 完成艺术字样式设置，然后将艺术字移动到合适的位置，效果如图3-49所示。

图3-48　更改艺术字样式

图3-49　调整文本位置

3.1.10　保存和关闭演示文稿

在创建和编辑演示文稿的同时可对其进行保存操作，以避免文档内容丢失；当不需要再进行编辑时，可以将演示文稿关闭，其具体操作如下。

第1步 在演示文稿中选择【文件】/【另存为】命令。

扫一扫观看视频

> **小知识**
>
> 若直接保存在原有文档上，可直接按【Ctrl+S】组合键，若文档之前没有保存，则选择【文件】/【保存】命令可打开"另存为"对话框进行保存。另外，PowerPoint支持将演示文稿保存为模板等其他格式的文档，其方法是进行保存时，在"另存为"对话框的"保存类型"下拉列表中选择一种文档格式，并单击 保存(S) 按钮。

第2步　打开"另存为"对话框，选择保存演示文稿的位置，在"文件名"下拉列表中输入名称"植物有哪些部分"，然后单击 保存(S) 按钮保存该演示文稿，如图3-50所示。选择【文件】/【关闭】命令即可关闭演示文稿（最终效果参见：效果文件\第3章\植物有哪些部分.pptx）。

图3-50　保存演示文稿

小知识　在"保存类型"下拉列表中可以设置将演示文稿保存为其他格式，如图3-51所示。另外，PowerPoint可按照用户设置的时间自动保存演示文稿，其方法是选择【文件】/【选项】命令，打开"PowerPoint选项"对话框，单击"保存"选项卡，在"保存演示文稿"栏中设置"保存自动恢复信息时间间隔"，如图3-52所示。

图3-51　保存为其他格式文档

图3-52　设置自动保存

3.2

制作"有趣的图形"课件

　　幼儿园使用的演示型课件一般比较生动活泼，这样能提高幼儿的学习兴趣。使用PowerPoint制作演示型课件时，可添加多种对象来丰富课件内容，提高课件的观赏性和趣味性，让幼儿能从兴趣中学到知识，得到启发。本节将通过制作"有趣的图形"课件来具体讲解在PowerPoint 2010中添加对象的相关知识，如添加形状、添加图片、添加SmartArt图形、添加表格、添加音频等，参考效果如图3-53所示。

图3-53　"有趣的形状"课件

3.2.1　插入并编辑形状

　　PowerPoint 2010提供了多种类型的形状供用户选择，用户可以在幻灯片中直接绘制提供的形状，并可以对形状进行编辑美化。下面在"有趣的图形"演示文稿中绘制并编辑形状，其具体操作如下。

扫一扫观看视频

第1步　打开"有趣的图形"演示文稿（素材参见：素材文件\第3章\有趣的图形.pptx），在其中选择第3张幻灯片，然后在"插入"选项卡的"插图"组中单击　形状▼按钮，在打开的下拉列表中选择"矩形"选项，如图3-54所示。

第2步　此时鼠标指针变为+形状，按住【Shift】键的同时，在幻灯片中拖动鼠标绘制正方形，如图3-55所示。

图3-54 选择形状

图3-55 绘制形状

第3步 此时绘制的形状将自动填充默认的颜色，保持形状的选中状态，然后在"格式"选项卡的"形状样式"组中单击"形状填充"按钮，在打开的下拉列表中选择"蓝色、强调文字颜色1"选项，如图3-56所示。

第4步 形状将使用选择的颜色填充，继续在该组中单击"形状轮廓"按钮，在打开的下拉列表中选择"粗细"选项，在打开的子列表中选择"4.5磅"选项，如图3-57所示。

图3-56 设置填充颜色

图3-57 设置轮廓粗细

第5步 完成形状的设置，效果如图3-58所示，选择形状，按【Ctrl+C】组合键复制形状。

第6步 选择第5张幻灯片，在其中按【Ctrl+V】组合键粘贴形状，将鼠标移动到正方形右侧的边框线上，按住鼠标左键拖动鼠标调整形状，如图3-59所示。

图3-58　正方形效果

图3-59　调整正方形为长方形

第7步　按照第4步的操作将形状填充为"红色、强调文字颜色2"选项，如图3-60所示。

第8步　单击"形状轮廓"按钮，在打开的下拉列表中选择"红色"选项，如图3-61所示。

图3-60　设置长方形的填充颜色

图3-61　设置长方形的轮廓颜色

第9步　选择长方形形状，将其复制到第6张幻灯片中，然后在"格式"选项卡的"插入形状"组中单击"编辑形状"按钮，在打开的下拉列表中选择"更改形状"选项，在打开的子列表中选择"等腰三角形"选项，如图3-62所示。

第10步　此时，幻灯片中的矩形将自动变为等腰三角形，然后使用第7步和第8步的方法更改等腰三角形的填充颜色和形状，效果如图3-63所示。

第11步　选择第4张幻灯片，使用第1步的方法，利用【Shift】键绘制一个正圆，并更改其填充颜色和轮廓，效果如图3-64所示。

第12步　保持形状的选择状态，在"形状样式"组中单击"形状效果"按钮，在打开的下拉列表中选择"阴影"选项，在打开的子列表中选择"居中偏移"选项，如图3-65所示。

第13步　使用相同的方法为前面绘制的3种形状添加相同的阴影。选择第12张幻灯片，在其中绘制一个正方形，在四周绘制5个小的正方形，然后分别

图3-62　更改形状

图3-63　编辑三角形

图3-64　绘制圆形

图3-65　添加形状效果

填充不同的颜色，效果如图3-66所示。

第14步　按住【Shift】键的同时单击选择其他4个小正方形，将鼠标指针移动到正上方的控制点上，当鼠标变为旋转箭头时拖动鼠标旋转形状，如图3-67所示。

图3-66　绘制正方形

图3-67　旋转形状

第15步　拖动鼠标框选绘制的形状，在"格式"选项卡的"排列"组中单击"组合"按钮，在打开的下拉列表中选择"组合"选项，组合形状，如图3-68所示。

> **小知识**
>
> 选择形状后按【Ctrl+G】组合键或单击鼠标右键，在弹出的快捷菜单中选择"组合"命令，在打开的子菜单中选择"组合"命令都可以组合形状。当不需要组合形状时，可选择形状，在其上单击鼠标右键，在弹出的快捷菜单中选择"组合"命令，在子菜单中选择"取消组合"命令即可。

第16步 使用前面介绍的方法在第13～15张幻灯片中绘制相应的形状，并调整其填充颜色和轮廓等，完成后的效果如图3-69所示。

图3-68　组合形状　　　　　　　　　　图3-69　绘制其他形状

3.2.2　插入并编辑图片

　　为了使幻灯片内容更丰富，在表述一些文字的作用和目的时更直观，通常需要在幻灯片中插入相应的图片。下面在"有趣的图形"演示文稿中插入并编辑图片，其具体操作如下。

扫一扫观看视频

第1步 选择第7张幻灯片，选择第一个矩形文本框，在"插入"选项卡的"插图"组中单击"图片"按钮，如图3-70所示。

第2步 打开"插入图片"对话框，在其中选择"1.png"图片（素材参见：素材文件\第3章\1.png），然后单击 插入(S) 按钮，如图3-71所示。

第3步 图片将插入到幻灯片中，但显示不完全，保持图片的选择状态，在"格式"选项卡的"大小"组中单击"裁剪"按钮，可查看图片的全部效果，如图3-72所示。

第4步 此时图片四周将显示控制按钮，并显示裁剪控制框。将鼠标移动到图片边框上，当鼠标指针变为 形状时，按住【Shift】键拖动鼠标可调整图片大小，如图3-73所示。

图3-70　单击"图片"按钮

图3-71　"插入图片"对话框

图3-72　单击"裁剪"按钮

图3-73　调整图片大小

第5步　在幻灯片中的第2个矩形文本框中单击"图片"按钮 ，打开"插入图片"对话框，在其中双击"2.png"图片（素材参见：素材文件\第3章\2.png），将图片插入到幻灯片中，效果如图3-74所示。

第6步　在图片上单击鼠标右键，在弹出的浮动工具栏中单击"裁剪"按钮 ，进入裁剪图片状态，拖动裁剪框到合适位置，对图片进行裁剪，效果如图3-75所示。

第7步　使用相同的方法添加其他图片（素材参见：素材文件\第3章\3.png~10.png）到合适位置，完成后的效果如图3-76所示。

第8步　选择第18张幻灯片，插入素材图片（素材参见：素材文件\第3章\做一做.jpg）并调整到合适位置，效果如图3-77所示。

图3-74　插入图片

图3-75　裁剪图片

图3-76　插入其他图片

第9步　在"格式"选项卡的"调整"组中单击 更正 按钮，在打开的下拉列表中选择"锐化：50%"选项，如图3-78所示。

图3-77　插入图片

图3-78　锐化图片

第10步　再次单击 更正 按钮，在打开的下拉列表中选择"亮度：+40% 对比度：0%（正常）"选项，如图3-79所示。

第11步　在"图片样式"组中单击"快速样式"按钮，在打开的下拉列表中选择图3-80所示的选项。

第12步 此时完成对图片的设置操作，效果如图3-81所示。

图3-79 调整图片亮度

图3-80 为图片设置样式

图3-81 设置图片后的效果

> **小知识**
>
> 若预设的图片样式不能满足需要，可在"图片样式"组中更改图片的边框、图片效果和图片版式。方法是单击相应的按钮，然后在打开的列表中进行设置即可。

3.2.3 插入并编辑SmartArt形状

在幻灯片中可以插入各种形状图形，并通过"格式"选项卡对形状、大小、线条样式、颜色以及填充效果等进行设置。下面在"有趣的图形"演示文稿中插入并编辑SmartArt图形，其具体操作如下。

扫一扫观看视频

第1步 选择第16张幻灯片，在"插入"选项卡的"插图"组中单击"SmartArt图形"按钮 🔶SmartArt，如图3-82所示。

第2步 打开"选择SmartArt图形"对话框，在其中选择一种形状，然后单击 确定 按钮，如图3-83所示。

图3-82 单击"SmartArt图形"按钮

图3-83 "选择SmartArt图形"对话框

第3步 在幻灯片中插入一个列表样式的SmartArt图形，在SmartArt图形左侧单击按钮展开"在此处键入文字"窗格，在其中依次输入图3-84所示的文本。

第4步 拖动鼠标选择输入的文本，在"开始"选项卡的"字体"组中设置字体为"微软雅黑"，如图3-85所示。

图3-84 输入文本

图3-85 设置字体

第5步 单击 ⊠ 按钮关闭左侧文字输入框，然后拖动鼠标在SmartArt图形四周的控制点调整其大小，效果如图3-86所示。

第6步 按住【Shift】键选择文本所在的图形，拖动图形上的控制点调整其大小和位置，效果如图3-87所示。

图3-86 调整SmartArt图形大小

图3-87 调整文本图形的大小和位置

第7步 使用相同的方法选择上方的形状，调整其大小和位置，效果如图3-88所示。

第8步 使用前面介绍的方法在其中绘制各种形状，组成动物并填充颜色，最后将其组合，效果如图3-89所示。

图3-88 调整形状大小

图3-89 绘制形状

第9步 在幻灯片中单击 按钮，利用前面讲解的方法添加相应的图片到形状中（素材参见：素材文件\第3章\11.png~13.png），并调整图片的大小和位置，效果如图3-90所示。

第10步 选择文本所在的形状，在"设计"选项卡的"SmartArt样式"组中单击"更改颜色"按钮 ，在其中设置图3-91所示的颜色。

图3-90 添加图片

图3-91 更改形状颜色

> **小知识**
>
> 在SmartArt图形中也可直接单击单个形状，待出现插入点后再输入文本。当SmartArt图形的图形分支不足时，可在SmartArt图形工具的"设计"选项卡的"创建图形"组中单击 添加形状 按钮右侧的下拉按钮 ，在打开的下拉列表中选择相应的命令，添加所需的图形分支。

3.2.4　插入并编辑表格

在幻灯片中还可以插入表格来进行数据的说明，使幻灯片内容更具说服力。下面在"有趣的图形"演示文稿中插入并编辑表格，其具体操作如下。

扫一扫观看视频

第1步　选择第17张幻灯片，在其中单击"插入表格"按钮▦，如图3-92所示。

第2步　打开"插入表格"对话框，在其中按照图3-93所示进行设置，然后单击 确定 按钮。

图3-92　单击"插入表格"按钮

图3-93　"插入表格"对话框

第3步　在幻灯片中插入一个4行3列的表格，在其中输入相关数据，如图3-94所示。

第4步　选择表格，在"开始"选项卡的"字体"组中设置表格字体为"微软雅黑"，在"段落"组中单击"居中对齐"按钮▤，如图3-95所示。

图3-94　输入表格内容

图3-95　设置文本格式

第5步　选择内容所在的行，在"字体"组中单击"文本颜色"按钮▲·，在打开的下拉列表中选择"黑色，文字1，淡色25%"选项，如图3-96

所示。

第6步　选择第2行单元格，在"设计"选项卡的"表格样式"组中单击"底纹"按钮，在打开的下拉列表中选择单元格底纹颜色，如图3-97所示。

图3-96　设置文本颜色

图3-97　设置单元格底纹颜色

第7步　使用相同的方法为其他单元格设置颜色，完成后的效果如图3-98所示。

图3-98　设置其他单元格颜色

3.2.5　插入并编辑媒体文件

在演示场合下，生动活泼的幻灯片才能更吸引观众，因此在制作幻灯片时，可以插入剪辑声音、添加音乐或为幻灯片录制配音等，使幻灯片"声情"并茂。下面在"有趣的图形"演示文稿中插入媒体文件，其具体操作如下。

扫一扫观看视频

第1步　选择第1张幻灯片，在"插入"选项卡的"媒体"组中单击"音频"按钮，在打开的下拉列表中选择"文件中的音频"选项，如图3-99

所示。

第2步　打开"插入音频"对话框，在其中选择提供的声音文件（素材参见：素材文件\第3章\Summer.mp3），然后单击 插入(S) 按钮，如图3-100所示。

图3-99　选择选项　　　　　　　图3-100　"插入音频"对话框

第3步　此时幻灯片中将显示一个声音图标，同时打开提示播放的控制条，单击 ▶ 按钮即可预览插入的声音，如图3-101所示。

第4步　在"播放"选项卡的"编辑"组中单击"剪裁声音"按钮 ，打开"剪裁音频"对话框，在其中单击 ▶ 按钮试听声音，拖动两侧的标尺确认剪裁范围，单击 确定 按钮完成剪裁，如图3-102所示。

图3-101　插入音频　　　　　　　图3-102　剪裁音频

第5步　在"编辑"组的"淡入"和"淡出"数值框中单击 按钮，调整淡入、淡出效果，如图3-103所示。

第6步　在"音频选项"组中的"开始"下拉列表中选择"跨幻灯片播放"选项，单击选中"循环播放，直到停止"复选框，如图3-104所示。

图3-103　设置声音的淡入和淡出

图3-104　设置播放方式

第7步　设置完成后按【Ctrl+S】组合键保存即可（最终效果参见：效果文件\第3章\有趣的图形.pptx）。

3.3

设计课件的母版

　　母版是定义演示文稿中所有幻灯片或页面格式的幻灯片模板，用它可以制作演示文稿中的统一标志、文本格式、背景、颜色主题以及动画等。对母版进行相关的编辑后，即可快速制作出多张样式相同的幻灯片，极大地提高工作效率。本节将通过制作一个课件的母版来具体讲解在PowerPoint 2010中设计母版的相关操作，参考效果如图3-105所示。

图3-105　设计演示文稿母版

3.3.1　幻灯片布局与配色原则

幻灯片进行合理的布局后，可以方便用户根据实际需要直接应用幻灯片版式，还可以按照一定的原则，对各种对象进行合理的安排，而为幻灯片配色可有效提高幻灯片的美观度。

1. 幻灯片布局原则

幻灯片中的对象主要包括文本、表格、图片、声音、动画等，要将这些对象进行合理的布局，就需要注意以下几个原则。

- **均衡统一**：同一演示文稿中各张幻灯片的标题文本、图片等位置及页边距大小等应尽量统一，一张幻灯片中应尽量保持幻灯片上下、左右各部分内容量的均衡，背景与配色也应和谐统一。
- **有机结合**：幻灯片中的文本、图片、表格、图表等对象应有机地结合在一起，相互配合以传达信息，但同一张幻灯片中各对象的数量也不宜过多，以避免累赘。
- **强调主题**：对于幻灯片中要表达的核心内容以及演示文稿最后的结论部分，应通过字体、颜色、样式等方式进行强调，以引起观众的注意。
- **内容精简**：普通人在短时间内可接收并记忆的最大信息量约为7条，因此在一张幻灯片中，文本最好不要超过7行，尽量精简其内容，做到言简意赅，以利于观众接受。

> **小知识**　在制作幻灯片的过程中，并不是所有的原则都要同时遵循，幻灯片所表达的内容各有不同，所遵循的原则也各不相同，要灵活运用。

2. 幻灯片配色原则

颜色的种类多，搭配方法也有很多，在制作课件时，要想使搭配的颜色和谐统一，可参照以下几点原则进行。

- **总体协调，局部对比**：幻灯片的整体色彩应该协调、统一，局部和小范围的地方可以用一些强烈的色彩来进行区分、对比。
- **明确主色调**：每张幻灯片都应有统一的主色调，如果同一个课件中运用太多的颜色，没有主次之分，则会让人感觉眼花缭乱。
- **主色调随内容而定**：根据演示文稿的内容不同，主色调也应不同。如内容为理科最好以蓝色为主色调；政治最好以红色为主色调；语文和英语以黄色为主色调；生物以绿色为主色调等；历史和地理以灰色或者褐色为主色调等。

- ● **尽量使用邻近色**：邻近色更易产生层次感，并使整体颜色更和谐，如深蓝、蓝色和浅蓝的搭配使用，黄色、橙色的搭配使用。用邻近色制作的课件给人正式、严谨的感觉，整个课件看起来会更加协调。

- ● **加强背景与内容的对比度**：为了突显内容，应尽量使背景色和内容颜色的对比度较高，深色背景用浅色的文字，浅色背景用深色文字。不仅是文字，图表中各对象之间都需要用对比较大的颜色来进行区分。

3.3.2　设置标题页母版

幻灯片的母版包括多种版式。下面讲解标题页母版的常用设置方法，其具体操作如下。

扫一扫观看视频

第1步　新建一个空白演示文稿，将其保存为"黄色主题母版"演示文稿，在"视图"选项卡的"母版视图"组中单击"幻灯片母版"按钮，如图3-106所示。

第2步　进入幻灯片母版视图，在"幻灯片母版"选项卡的"页面设置"组中单击"页面设置"按钮，打开"页面设置"对话框。在"幻灯片大小"下拉列表中选择"自定义"选项，在"宽度"和"高度"数值框中分别输入"33.86"和"15.05"，单击　确定　按钮，如图3-107所示。

图3-106　进入幻灯片母版视图　　　　图3-107　设置页面大小

第3步　更改页面大小后的效果如图3-108所示。

第4步　选择副标题所在的占位符，按【Delete】键删除，然后将标题占位符移动到副标题所在的位置，设置字符格式为"微软雅黑、52号、加粗"，如图3-109所示。

图3-108　更改页面大小

图3-109　设置标题占位符的字符格式

第5步　在"插入"选项卡的"插图"组中单击"图片"按钮 ，在打开的对话框中找到提供的素材图片"图片9.png"，双击该图片（素材参见：素材文件\第3章\图片9.png），如图3-110所示。

第6步　此时选择的图片将添加到幻灯片中，选择插入的图片，拖动鼠标将其移动到幻灯片中间位置，效果如图3-111所示。

图3-110　插入图片

图3-111　调整图片位置

第7步　使用相同的方法将"图片8.png"插入到幻灯片中并调整到左下角位置（素材参见：素材文件\第3章\图片8.png），然后将鼠标移动到图片控制点上，利用【Shift】键将图片等比例缩小，效果如图3-112所示。

第8步　选择插入的图片，复制两张，然后将其移动到幻灯片下方排列，选择中间的图片，在"格式"选项卡的"排列"组中单击"旋转"按钮 ，在打开的下拉列表中选择"水平翻转"选项，效果如图3-113所示。

图3-112 调整图片大小

图3-113 水平翻转后的效果

3.3.3 设置多媒体页母版

在演示文稿中插入视频辅助讲解，能够极大地提高演示文稿的生动性，并且帮助幼儿更加直观地认识相应事物，因此多媒体页在幼儿园PPT设计中使用非常频繁。下面介绍在幻灯片中设置多媒体页母版的方法，其具体操作如下。

扫一扫观看视频

第1步 将鼠标移动到第2张幻灯片下方单击，在"幻灯片母版"选项卡的"编辑母版"组中单击"插入版式"按钮，如图3-114所示。

第2步 在当前页面下方插入一张默认的幻灯片版式，在其中将标题占位符删除，如图3-115所示。

图3-114 插入版式

图3-115 删除占位符

第3步 在"插入"选项卡的"插图"组中单击"形状"按钮，在打开的下拉列表中选择"矩形"选项，在幻灯片中绘制一个矩形，然后使用相同的方法绘制3个圆形，并调整为不同大小，最后将其填充为黄色，取消形状轮廓，效果如图3-116所示。

第4步 将"图片12.png"插入到幻灯片中（素材参见：素材文件\第3章\图片12.png），并调整到合适大小，效果如图3-117所示。

图3-116 绘制形状

图3-117 插入并调整图片大小

第5步 选择图片，在"格式"选项卡的"调整"组中单击"颜色"按钮，在打开的下拉列表中选择"设置透明色"选项，如图3-118所示。

第6步 此时，鼠标指针变为 形状，在图片的白色区域单击，将背景设置为透明效果，如图3-119所示。

图3-118 选择"设置透明色"选项

图3-119 设置透明色

第7步 单击空白处取消图片选择，然后在幻灯片中绘制一个矩形，为其应用图3-120所示的形状样式。

第8步 在"形状样式"组中单击"形状填充"按钮，在打开的下拉列表中选择图3-121所示的颜色。

第9步 在"幻灯片母版"选项卡的"母版版式"组中单击"插入占位符"按钮 下方的下拉按钮，在打开的下拉列表中选择"媒体"选项，如图3-122所示。

第10步 在幻灯片的黄色形状上拖动鼠标绘制占位符，然后选择绘制的占位符，将其填充颜色设置为"黄色"，效果如图3-123所示。

图3-120　选择形状样式

图3-121　更改形状颜色

图3-122　插入占位符

图3-123　设置占位符

3.3.4　设置过渡页母版

过渡页母版设置的具体操作如下。

第1步　选择第4张幻灯片，将下方的内容占位符删除，然后在幻灯片的上方绘制多个大小不等的圆形和椭圆形，并填充为黄色，取消其形状轮廓，最后将其排列并进行合并，效果如图3-124所示。

扫一扫观看视频

第2步　在幻灯片中插入两个装饰的图片并调整大小和位置（素材参见：素材文件\第3章\图片10.png），效果如图3-125所示。

第3步　继续在幻灯片中绘制一个圆角矩形，填充为柠檬黄，然后绘制多个正八边形，并填充不同的颜色，完成后调整大小和位置，效果如图3-126所示。

图3-124　绘制形状

图3-125　插入并调整图片

第4步　选择标题占位符，在其中输入"目录"文本，设置字符格式为"方正卡通简体、48号、加粗"，然后继续在幻灯片中绘制底纹形状，完成后的效果如图3-127所示。

图3-126　绘制形状

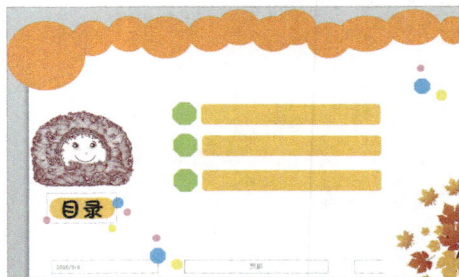

图3-127　设置文本格式

第5步　选择下一张幻灯片，删除其中的内容占位符，然后绘制一个"同侧圆角矩形"形状，填充为黄色，取消形状轮廓，旋转后放在幻灯片左侧，效果如图3-128所示。

第6步　将上一张幻灯片的太阳图片和正八边形复制到当前幻灯片中，调整位置后的效果如图3-129所示。

图3-128　绘制形状

图3-129　复制形状并调整

第7步　选择标题占位符，设置字符格式为"微软雅黑、28号、灰色"，如图

3–130所示。

第8步　插入"图片3.png"和"图片13.png"（素材参见：素材文件\第3章\图片3.png、图片13.png），调整到合适大小和位置后将其组合，效果如图3–131所示。

图3–130　设置字符格式

图3–131　插入并编辑图片

3.3.5　设置正文页母版

正文页母版设置的具体操作如下。

第1步　选择第8张幻灯片，将前面绘制的装饰形状复制到幻灯片中，插入"图片6.png"（素材参见：素材文件\第3章\图片6.png），然后绘制多条竖直线，应用第一种形状样式，效果如图3–132所示。

扫一扫观看视频

第2步　将过渡页中的黄色底纹和文字占位符复制4个到幻灯片中，调整位置后更改其字符格式为"文鼎POP–4""24号"，效果如图3–133所示。

图3–132　制作背景形状

图3–133　复制目录元素

第3步　插入其他装饰的图像（素材参见：素材文件\第3章\图片7.png、图片14.png、图片16.png），并调整为合适的大小和位置，完成后将最上方的黄色形状设置为顶层显示，效果如图3–134所示。

第4步　将标题占位符移动到下方，设置字符格式为"微软雅黑、28号、加粗"，然后添加一个"内容"占位符，在其中只保留第一行的内容，效果如图3–135所示。

图3-134　添加装饰图像

图3-135　设置占位符

第5步 选择第8张幻灯片进行复制，删除其中的星星图像，插入"图片15.png"图像（素材参见：素材文件\第3章\图片15.png），然后复制一个图像，调整其大小和位置。

第6步 选择下方的内容占位符，为其添加一个花朵样式的项目符号，完成后的效果如图3-136所示。

第7步 复制第9张幻灯片，在其下方粘贴，然后删除右上角的装饰图像，插入提供的其他素材，并调整大小和位置，如图3-137所示。

图3-136　制作其他页

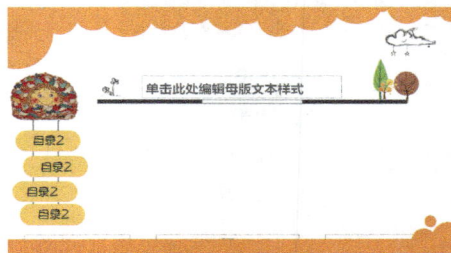

图3-137　添加装饰元素

第8步 插入"图片11.png"（素材参见：素材文件\第3章\图片11.png），然后插入一个图片占位符，调整位置后同时选择插入的图片和占位符，将其复制一个到右侧，最后插入两个文本占位符，效果如图3-138所示。

第9步 复制这张幻灯片，然后按照前面介绍的方法制作出图3-139所示的效果。

图3-138　插入图片和文本占位符

图3-139　设置其他页

3.3.6　设置结束页母版

结束页母版设置的具体操作如下。

第1步　选择下一张幻灯片，删除其中的占位符，然后将前面设计好的装饰形状复制到幻灯片中，调整位置后的效果如图3-140所示。

第2步　插入一个文本框，在其中输入"幼儿园向日葵班公开课"文本，为每个文本设置不同的颜色，然后选择标题页，将其中的占位符复制到结束页幻灯片中，调整到合适位置，效果如图3-141所示。

扫一扫观看视频

图3-140　复制装饰形状

编辑母版标题样式

幼儿园向日葵班公开课

图3-141　设置文本占位符

> **小知识**
>
> 在母版状态下通过"插入"选项卡绘制的文本框在退出母版状态后都不可编辑，因此，在设计母版时，需要修改文本的文本框必须是文本占位符。

3.3.7　使用幻灯片母版

母版设计完成后，就可以使用母版快速完成幻灯片的制作了，其具体操作如下。

第1步　在"幻灯片母版"选项卡中单击"关闭母版视图"按钮 ⊠，返回普通视图，此时，演示文稿中只有一个标题页，删除不需要的副标题占位符，效果如图3-142所示。

扫一扫观看视频

第2步　在"开始"选项卡的"幻灯片"组中单击"新建幻灯片"按钮 🖹 下方的下拉按钮 ▼，在打开的下拉列表中显示了所有设置的母版幻灯片，在其中选择需要的样式，即可新建相应的幻灯片，如图3-143所示。

保存演示文稿完成操作（最终效果参见：效果文件\第3章\黄色主题母版.pptx）。

图3-142　返回普通视图

图3-143　根据母版新建幻灯片

3.4

课后练习

　　本章主要介绍了PowerPoint 2010的基本操作、在幻灯片中插入并设置各种对象的方法，以及幻灯片母版的设置方法。在幼儿园教学中，这些都是常用的基本操作，因此需要好好掌握，并能够熟练运用。

　　1. 制作"认识水果"课件

　　本练习将设计"认识水果"课件。首先打开提供的"认识水果.pptx"素材文件（素材参见：素材文件\第3章\认识水果.pptx），在其中设置幻灯片的大小，然后更改幻灯片版式，最后调整幻灯片中的文本格式，完成后的参考效果如图3-144所示（最终效果参见：效果文件\第3章\认识水果.pptx）。

　　2. 制作"感恩父母"课件

　　本练习将设计"感恩父母"课件。首先打开提供的"感恩父母.pptx"素材文件（素材参见：素材文件\第3章\感恩父母.pptx），在幻灯片中输入文本，设置文本格式，然后在其中插入图片并设置其样式，插入和设置形状样式，最后还需要插入SmartArt图形，并对其进行美化编辑，完成后的参考效果如图3-145所示（最终效果参见：效果文件\第3章\感恩父母.pptx）。

图3-144　"认识水果"课件

图3-145　"感恩父母"课件

3.5

拓展知识

下面主要介绍课件中幻灯片的版式设计和颜色搭配的拓展知识。

1. 幻灯片版式设计

幻灯片版式的设计主要有文字型、图文混排型和全图型3种设计方式，设计了版式的幻灯片不仅提高了画面的美观性，还能增加课件的专业性。

● **文字型版式：** 文字型版式设计包括字体格式、段落格式、排列方式等，幻灯片版式的设计主要是根据文本内容的多少来决定的。文字型版式设计主要包括两种，一种是通栏型，就是文字从上到下进行排列；另一种是左右型，即左右都有文字。需注意在对文字进行排版时，要根据文字内容的多少对文字的间距和行距进行合理的设置。如果段落文本较多，可设置相应的项目符号，使各段落之间的结构更清晰。

● **图文混排型版式**：图文混排是幻灯片中最常见的一种版式设计，最常用的是左右型、中间型、斜边型3种。左右型排版是图文混排中最常用的一种，这类排版既符合观赏者的视线流动顺序，又能使图片与横向排列的文字形成有力的对比。左右型一般分为两种情况，一种是左边图片，右边文字；另一种是左边文字，右边图片。中间型的版式设计在幻灯片中应用比较少，但一般都是将图片排在幻灯片中间，文字排于图片两侧。中间型版式的设计最重要的就是图片与文字的搭配，必须选择与文本内容相符的图片，这样图片才能达到真正的设计效果。在设计幻灯片版式时，针对这一类型，左右文字与图片之间的距离要保持一致，这样才能使图文的搭配更协调。上下型版式设计在幻灯片中也比较常用，在对这类版式进行设计时，要注意文字的多少和文字与图片的排列位置，这样才能使整个版式更协调。

● **全图型版式**：全图型版式多用于标题页幻灯片。在对全图型幻灯片版式进行设计时，图片的选用和排列方式非常重要，而且文字内容必须要少，只需突出重点即可。使用全图型版式设计，既可给观看者一种强烈的视觉冲击力，让观看者快速理解、记忆所传递的内容，又可增加幻灯片画面的美观性。但在使用这种类型时，要特别注意图片和文字的搭配效果。图3-146所示为全图型的幻灯片版面。

图3-146　全图型

2. 颜色搭配

颜色搭配是制作课件的必要环节，颜色搭配的好坏，不仅会影响课件的美观性，还会影响课件的品质，对学生学习课件中知识的效果有一定的影响。

● **从优秀的演示文稿中学习**：对没有美术基础的老师来说，配色非常困难，如果搭配不好，就会影响整个课件的效果。在为课件配色时，最好应用系统提供的配色方案，若提供的配色方案不能满足需要时，可学习、借鉴一些优秀演示文稿中的配色方案，这样才不会因配色而导致整个课件的质量降低。

● **通过课件内容相关因素搭配**：课件制作的主要目的是学习其中的内容，主要内容是各学科的知识，颜色搭配可以根据各学科的相关因素来搭配，如理科可以使用冷色调的颜色；还可以根据学校校徽的颜色搭配、校服的颜色搭配、各班级班徽的颜色搭配等。这样不仅能提高课件的美观性，还能达到宣传学校的作用，一举两得。

● **学习专业网站的颜色搭配**：为课件配色可借鉴的方案很多，不仅可学习一些优秀演示文稿里的配色方案，还可学习专业PPT网站的配色，如http//www.17ppt.com、http://sc.chinaz.com等。因为网站都是一些专业人士设计的，因此其配色比较专业。在制作课件时，如果不知道如何配色，可打开这一类专业网站，借鉴其配色思路。图3-147所示为两个国外的专业PPT网站。

图3-147　专业PPT网站

第 4 章
PPT演示型课件制作（二）

能够使用PowerPoint制作简单的演示型课件是对幼儿教师的基本要求，由于幼儿教师教学对象的特殊性，因此，幼儿教师在制作PPT演示型课件时，不仅要求课件内容的正确性、完整性，还要求课件具有生动性、形象性等特征。本章通过3个具体案例来讲解在PowerPoint 2010中为课件添加动画的具体操作、放映幻灯片的相关设置，以及如何又好又快地制作演示型课件。

4.1
设置"小星星"课件动画

为演示型课件设置动画可以使课件内容更加生动形象，在PowerPoint 2010中可以为幻灯片中的内容添加播放动画，也可以为幻灯片添加切换动画，还可以设置触发器控制动画，而通过创建超链接，则可以改变课件的线性放映方式，提高课件的交互性。本节将通过设置"小星星"课件动画来具体讲解在PowerPoint 2010中设置动画的操作方法，参考效果如图4-1所示。

图4-1 "小星星"课件动画效果

4.1.1 设置对象动画

设置对象动画是指对幻灯片内的对象添加各种动画，控制对象的出现顺序和出现方式，突出重点并增加演示的趣味性。

1. 设置简单动画

下面在"小星星"课件中为第3～5张和第7张幻灯片对象设置动画，具体操作如下。

第1步 打开"小星星.pptx"课件（素材参见：素材文件\第4章\小星星.pptx），选择第3张幻灯片，在其中选择圆形、

扫一扫观看视频

小树和小鹿，在"动画"选项卡的"动画"组中单击"动画样式"按钮 ★ ，在打开的下拉列表中选择"缩放"选项，如图4-2所示。

第2步 在"计时"组的"开始"下拉列表中选择"与上一动画同时"选项，如图4-3所示。

图4-2 添加动画样式　　　　　图4-3 设置动画的开始时间

第3步 选择右侧的矩形对象，在"动画样式"列表框中选择"缩放"选项，单击"效果选项"按钮 ⬆ ，在打开的下拉列表中选择"自左侧"选项，如图4-4所示。

图4-4 更改动画效果选项　　　　　图4-5 设置动画的开始时间

第4步 在"计时"组的"开始"下拉列表中选择"上一动画之后"选项，效果如图4-5所示。

第5步 选择"小星星"文本所在的文本框，在"动画"组中单击"动画样式"按钮 ★ ，在打开的下拉列表中选择"更改进入效果"选项，打开"更改进入效果"对话框，在其中选择"升起"选项，单击 确定 按钮，如图4-6所示。

第6步 选择黄色线条，在"动画样式"列表框中选择"飞入"选项，单击"效果选项"下拉按钮 ▾ ，在打开的下拉列表中选择"自右侧"选项，设置后的效果如图4-7所示。

图4-6　更改进入效果

图4-7　设置后的效果

第7步　选择"一闪一闪亮晶晶"文本，使用相同的方法为其添加"升起"动画，然后依次选择其他段落文本，使用相同的方法添加"升起"动画效果，效果如图4-8所示。

第8步　在"动画"组中单击"预览"按钮 ⭐，效果如图4-9所示。

图4-8　添加其他动画后的效果

图4-9　预览动画效果

第9步　选择第4张幻灯片的两个矩形对象，为其添加"翻转式由远及近"效果，并设置左上角动画的开始时间为"单击时"，右下角矩形动画的开始时间为"与上一动画同时"，在"高级动画"组中单击 ⭐动画窗格 按钮，打开"动画窗格"任务窗格，效果如图4-10所示。

第10步　选择"小星星"文本框，为其添加"浮入"动画，选择第1行的"简谱"文本框，为其添加"展开"动画，在"动画窗格"任务窗格中选择添加的动画，在其上单击鼠标右键，在弹出的快捷菜单中选择"效果选项"命令，如图4-11所示。

第11步　打开"展开"对话框，在"动画文本"下拉列表中选择"按字母"选项，然后单击 确定 按钮，如图4-12所示。

第12步　在幻灯片中选择第1行的简谱文本框，在"高级动画"组中单击 ⭐动画刷 按钮，然后在幻灯片中单击第2行的简谱文本框，复制动画效果，如图4-13所示。

图4-10　添加"翻转式由远及近"动画效果

图4-11　选择"效果选项"命令

图4-12　打开"展开"对话框

图4-13　复制动画效果

第13步　使用相同的方法为另外两行简谱文本框复制动画效果，如图4-14所示。

第14步　在"动画"组中单击"预览"按钮 ，效果如图4-15所示。

图4-14　复制动画

图4-15　预览动画效果

第15步　选择第5张幻灯片，选择"小星星"文本框，添加"弹跳"动画，然后选择下方的直线，添加"飞入"动画，在"效果选项"下拉列表中选择"自右侧"选项，如图4-16所示。

第16步　拖动鼠标选择下方文本框中的第一行内容，为其添加"缩放"动画，然后依次为下方每一行内容添加缩放动画效果，如图4-17所示。

图4-16　设置第5张幻灯片动画

图4-17　为下方文字添加"缩放"动画

第17步　选择第7张幻灯片，分别选择其中的图片对象，然后分别设置"翻转式由远及近""缩放""弹跳""脉冲""跷跷板""旋转"动画，如图4-18所示。

第18步　在"动画窗格"任务窗格中选择添加的所有动画，在"计时"组中的"开始"下拉列表中选择"与上一动画同时"选项，如图4-19所示。

图4-18　设置第7张幻灯片动画

图4-19　设置7张幻灯片的开始时间

2. 设置路径动画

用户还可以根据需要设置动画的播放路径，使对象沿着指定的路径运动。下面为"小星星"课件添加路径动画，具体操作如下。

第1步　选择第8张幻灯片，在其中选择"小鹿"图形，在"添加动画"下拉列表中选择"自定义路径"选项，此时鼠标指针将变为十形状，在幻灯片中拖动鼠标绘制路径，如图4-20所示。

扫一扫观看视频

第2步 绘制完成后释放鼠标，然后按【Enter】键结束路径，单击"预览"按
钮⭐，效果如图4-21所示。

图4-20　绘制路径

图4-21　预览效果

第3步 观察发现小鹿运动过快，因此选择添加的动画，在"计时"组的"持续
时间"数值框中输入"05.00"，在"开始"下拉列表中选择"上一动
画之后"选项，如图4-22所示。

第4步 选择第9张幻灯片，再选择其中的"流星"图形，在"动画"组中单击
"动画样式"按钮⭐，在打开列表中的"动作路径"栏中选择"直线"
选项，如图4-23所示。

图4-22　设置持续时间

图4-23　设置第9张幻灯片

第5步 此时，PowerPoint 2010将自动为选择的流星图形添加一个自上而下的
直线路径动画，如图4-24所示。

第6步 将鼠标移动到路径结束处，当鼠标指针变为形状后，按住鼠标左键不
放向左下角拖动，调整路径的长度和方向，使其与原图片的流星角度平
行，如图4-25所示。

图4-24　添加的直线路径动画

图4-25　调整路径

第7步　选择添加路径动画后的流星图形进行复制，并将其调整到合适位置，最后在"计时"组中的"开始"下拉列表中选择"与上一动画同时"选项，如图4-26所示。

> **小知识**　在更改某对象的动画效果时，必须选择该对象。若选择的是整张幻灯片，则在"动画"选项卡中只有"预览"按钮 ★ 和"动画窗格"按钮 动画窗格 可用，其他都呈灰色不可用状态。

第8步　使用相同的方法再复制两个流星图形，将其调整到合适位置，在"计时"组中将"开始"下拉列表分别设置为"上一动画之后"和"与上一动画同时"，如图4-27所示。

图4-26　复制下一个动画

图4-27　继续复制动画

第9步 使用相同的方法再次复制一个动画，并在"开始"下拉列表中选择"上一动画之后"选项，如图4-28所示。

第10步 完成流星运动轨迹的制作，单击"预览"按钮 ⭐，预览流星效果如图4-29所示。

图4-28 复制下一个动画

图4-29 预览动画效果

第11步 观察发现，流星运动后坠落在最上层，因此，选择所有的流星形状，在"格式"选项卡的"排列"组中单击"下移一层"按钮 🔲，单击多次，直到流星形状位于背景图层的最上一层，如图4-30所示。

第12步 选择第10张幻灯片，在其中选择月亮形状，通过前面介绍的添加自定义幻灯片的方法为其添加一个由左下至右上的路径动画，并将"开始"设置为"与上一动画同时"，再设置"持续时间"为"05.00"，如图4-31所示。

图4-30 调整排列图层

图4-31 添加自定义路径动画

3. 制作星星闪耀动画

在动画制作过程中，还可通过将多个形状应用不同的动画来制作出闪耀的动画效果。下面就在"小星星"演示文稿中为星星形状添加各种动画，制作群星闪耀的动画效果，具体操作如下。

第1步 按住【Shift】键不放依次单击幻灯片中的五角星形状，选择所有的五角星，如图4-32所示。

第2步 在"动画"组中单击"动画样式"按钮★，在打开的下拉列表中选择"脉冲"选项，为选择的形状添加动画，如图4-33所示。

扫一扫观看视频

图4-32 选择全部五角星形状

图4-33 选择动画样式

第3步 此时所有的五角星形状都添加了"脉冲"动画样式，在"高级动画"组中单击 动画窗格 按钮，打开"动画窗格"任务窗格，在其中的动画列表上单击鼠标右键，在弹出的快捷菜单中选择"计时"命令，如图4-34所示。

第4步 打开"脉冲"对话框，在"开始"下拉列表中选择"与上一动画同时"选项，在"期间"下拉列表中选择"快速（1秒）"选项，在"重复"下拉列表中选择"直到下一次单击"选项，单击 确定 按钮，如图4-35所示。

图4-34 选择"计时"选项

图4-35 设置"脉冲"对话框

多媒体课件设计与制作

（视频指导版）

> **小知识**
>
> 在"动画窗格"的动画样式选项上单击鼠标右键，在弹出的快捷菜单中选择"效果选项"命令，也可打开"脉冲"对话框，在其中单击"计时"选项卡也可完成计时设置。

第5步 利用【Shift】键选择所有的十字星形状，在"动画"组中单击"动画样式"按钮⭐，在打开的下拉列表的"进入"栏中选择"缩放"选项，如图4-36所示。

第6步 单击鼠标右键，在弹出的快捷菜单中选择"缩放"命令，打开对话框，在"开始"下拉列表中选择"与上一动画同时"选项，在"期间"下拉列表中选择"快速（1秒）"选项，在"重复"下拉列表中选择"直到下一次单击"选项，单击 确定 按钮，如图4-37所示。

图4-36　选择动画样式　　　　图4-37　设置"缩放"对话框

第7步 选择所有的十字星形状，在"高级动画"组中单击"添加动画"按钮⭐，在打开的下拉列表的"退出"栏中选择"缩放"选项，如图4-38所示。

> **小知识**
>
> 需要注意的是，在已经添加了动画样式的对象上添加动画时，需要通过"添加动画"按钮⭐来完成，若直接单击"动画样式"按钮⭐添加动画，则新添加的动画样式将覆盖原有的动画样式。

第8步 单击鼠标右键，在弹出的快捷菜单中选择"缩放"命令，打开对话框，在"开始"下拉列表中选择"上一动画之后"选项，在"期间"下拉列表中选择"快速（1秒）"选项，在"重复"下拉列表中选择"直到下一次单击"选项，如图4-39所示。

图4-38　选择动画样式

图4-39　设置"缩放"对话框

第9步　选择幻灯片中的音频图标，单击"播放"选项卡，在"音频选项"组的"开始"下拉列表中选择"自动"选项，然后在"动画窗格"任务窗格中将鼠标移动到音频动画选项上，按住鼠标左键不放，将其拖动到动画最上方，如图4-40所示。

第10步　在"动画"选项卡的"预览"组中单击"预览"按钮，预览效果如图4-41所示。

图4-40　设置音频动画顺序

图4-41　预览动画效果

4.1.2　设置课件切换动画

在PowerPoint 2010中除了可以为对象添加动画外，还可以为幻灯片设置切换动画。切换动画指在放映幻灯片时，一张幻灯片从屏幕上消失，另一张幻灯片显示在屏幕上的一种动画。下面就为"小

扫一扫观看视频

星星"演示文稿设置切换动画，其具体操作如下。

第1步 选择第4张幻灯片，单击"切换"选项卡，在"切换到此幻灯片"组中单击"其他"按钮▼，在打开的列表框中选择"推进"选项，如图4-42所示。

> **小知识**
>
> PowerPoint 2010一共提供了3种切换动画类型，分别是细微型、华丽型和动态内容。每种类型都包含多种效果，添加时需要根据幻灯片的实际需要选择不同的切换效果，使幻灯片播放更加顺畅。

第2步 在"计时"组的"声音"下拉列表中选择"风铃"选项，选择切换动画声音，如图4-43所示。

图4-42 添加切换动画效果

图4-43 选择切换动画声音

第3步 在"计时"组中单击 📄全部应用 按钮，即可为全部幻灯片应用设置的切换动画，如图4-44所示。

第4步 选择第1张幻灯片，在"切换到此幻灯片"组的"动画样式"列表框中选择"淡出"选项，如图4-45所示。

> **小知识**
>
> 更改动画选项后，系统会自动调整相应的切换时间。此时可以看到，设置"淡出"切换动画后，默认时间由原来的"01.00"变为"07.00"。需要注意的是，若不需要为当前幻灯片设置切换动画，可在"切换到此幻灯片"组的"动画样式"列表框中选择"无"选项，取消切换动画效果。

图4-44 全部应用切换效果

图4-45 设置第1张幻灯片的切换效果

第5步 选择最后一张幻灯片，在"切换到此幻灯片"组的"动画样式"列表框中选择"溶解"选项，如图4-46所示。

图4-46 更改最后一张幻灯片的切换效果

小知识

在"计时"组中单击选中"单击鼠标时"复选框，可设置幻灯片切换方式为单击鼠标时才切换；若单击选中"设置自动换片时间"复选框，并在其后的数值框中设置时间，可使幻灯片在指定的时间进行切换；若两个复选框都选中，则表示在放映时，若单击鼠标，可将幻灯片切换到下一张，若不单击鼠标，则到设置的时间后，幻灯片将自动切换到下一张幻灯片。

4.1.3　创建并编辑超链接

通常情况下，幻灯片是按照默认的顺序依次放映的，除了该方法外，还可在课件中通过创建超链接的方式，实现单击链接对象即跳转到其他幻灯片。下面为"小星星"演示文稿创建超链接，并进行编辑，其具体操作如下。

扫一扫观看视频

第1步　选择第6张幻灯片，在其中选择"星星"文本，单击"插入"选项卡，在"链接"组中单击"超链接"按钮，如图4-47所示。

第2步　打开"插入超链接"对话框，在其中的"链接到"列表框中选择"本文档中的位置"选项，在"请选择文档中的位置"列表框中选择"幻灯片7"，然后单击　　确定　　按钮，如图4-48所示。

图4-47　单击"超链接"按钮

图4-48　选择链接对象

第3步　返回幻灯片，即可看到选择的文本变为蓝色，并添加了下画线，如图4-49所示。

第4步　选择"星空"文本，在其上单击鼠标右键，在弹出的快捷菜单中选择"超链接"命令，如图4-50所示。

图4-49　查看设置超链接后的效果

图4-50　选择"超链接"命令

第5步　打开"插入超链接"对话框，在"请选择文档中的位置"列表框中选择
"幻灯片8"，然后单击 屏幕提示(P)… 按钮，打开"设置超链接屏幕提
示"对话框，在"屏幕提示文字"栏的文本框中输入"欣赏星空"文
本，单击 确定 按钮，如图4-51所示。

第6步　返回"插入超链接"对话框，单击 确定 按钮返回幻灯片，然后使用
相同的方法，将"流星"文本链接到"幻灯片9"，完成后的效果如图
4-52所示。

图4-51　设置屏幕提示

图4-52　设置其他超链接

小知识

添加超链接不只可以针对幻灯片中的文本，也可以对文本框、艺
术字和图片等添加超链接。若添加超链接的对象是文本框或图
片，则添加超链接后不会有任何变化，只有在放映幻灯片并将鼠
标移动到超链接上时，鼠标指针才变为 🖑 形状，单击可查看设置
的超链接内容。

第7步　单击"设计"选项卡，在"主题"组中单击 📕 颜色·按钮，在打开的下拉
列表中选择"新建主题颜色"选项，如图4-53所示。

图4-53　选择选项

第8步 打开"新建主题颜色"对话框，在"主题颜色"栏中单击"超链接"右侧的 ![按钮] 按钮，在打开的下拉列表中选择"红色"色块，如图4-54所示。

> **小知识**
>
> 在超链接上单击鼠标右键，在弹出的快捷菜单中选择"编辑超链接"命令，可打开"编辑超链接"对话框，在其中可更改超链接。另外，若设置超链接后，发现因误操作导致超链接无用时，可通过在需要删除超链接的对象上单击鼠标右键，在弹出的快捷菜单中选择"取消超链接"命令或打开"编辑超链接"对话框，在其中单击 删除链接(R) 按钮可将超链接删除。

第9步 单击 保存(S) 按钮，返回幻灯片，即可看到超链接文本的颜色由原来的蓝色变为红色，如图4-55所示。

图4-54 设置超链接的颜色   图4-55 查看超链接的颜色

4.1.4 设置触发器

触发器是PowerPoint 2010中的一项功能，它可以是图片、文字或文本框等，其作用相当于一个按钮。设置好触发器后，单击就会触发一个操作，该操作可以是播放音乐、影片或者动画等，其具体操作如下。

扫一扫观看视频

第1步 选择第9张幻灯片，打开"动画窗格"任务窗格，选中所有的动画，在其上单击鼠标右键，在弹出的快捷菜单中选择"计时"命令，如图4-56所示。

第2步 打开"向下"对话框的"计时"选项卡，在其中单击 触发器① ▼ 按钮，在展开栏中单击选中"单击下列对象时启动效果"单选项，在右侧的下拉列表中选择"文本框502：流星"选项，单击 确定 按钮，如图4-57所示。

图4-56　选择"计时"命令

图4-57　设置触发器

> **小知识**
>
> 使用触发器时，PowerPoint会自动为对象进行编号，所以这里有组合477、组合491、组合494和组合497等。需要注意的是，触发器是幻灯片播放时单击的对象，因此在设置时一定要选择该对象对应的选项。

第3步　返回幻灯片，在状态栏中单击"幻灯片放映"按钮 👤，此时将放映幻灯片，然后单击输入的"流星"文本，此时将播放设置的流星动画，如图4-58所示。

第4步　按【Esc】键退出放映状态，然后按【Ctrl+S】组合键保存演示文稿即可（最终效果参见：效果文件\第4章\小星星.pptx）。

图4-58　查看效果

4.2

放映"小星星"课件

制作课件的最终目的是将课件中的幻灯片都放映出来，让学生能够认识和了解其中的内容。本节将通过放映前面制作的"小星星"课件来具体讲解在PowerPoint 2010中放映课件的相关操作，参考效果如图4-59所示。

图4-59　放映"小星星"演示文稿

4.2.1　直接放映

直接放映是演示文稿最常用的放映方式，PowerPoint 2010中提供了从头开始放映和从当前幻灯片开始放映两种形式。

1. 从头开始放映

从头开始放映幻灯片即是从第1张幻灯片开始，依次放映每张幻灯片，常用以下3种方法进行放映。

- 在"大纲/幻灯片"窗格中选择第1张幻灯片，在状态栏中单击"幻灯片放映"按钮，即可从头开始放映幻灯片。
- 选择任意一张幻灯片，单击"幻灯片放映"选项卡，在"开始放映幻灯片"组中单击"从头开始"按钮，即可从头开始放映幻灯片，如图4-60所示。
- 直接按【F5】键，也可从头开始放映幻灯片。

图4-60　从头开始放映幻灯片

2.　从当前幻灯片开始放映

在某些特定环境下，可能只需要对演示文稿中的某张幻灯片进行放映，此时可通过以下两种方法来实现。

- 在"大纲/幻灯片"窗格中选择某张幻灯片，在状态栏中单击"幻灯片放映"按钮，即可从当前幻灯片开始放映。
- 选择某张幻灯片，单击"幻灯片放映"选项卡，在"开始放映幻灯片"组中单击"从当前幻灯片开始"按钮，如图4-61所示。

图4-61　从当前幻灯片开始放映

4.2.2　自定义放映

在放映幻灯片时，可能只需放映演示文稿中的一部分幻灯片，这时可通过设置幻灯片的自定义放映来实现。下面为"小星星"演示文稿设置自定义放映，其具体操作如下。

扫一扫看视频

第1步 打开"小星星"演示文稿，单击"幻灯片放映"选项卡，在"开始放映幻灯片"组中单击"自定义幻灯片放映"按钮 ，在打开的下拉列表中选择"自定义放映"选项，如图4-62所示。

第2步 打开"自定义放映"对话框，单击 新建(N)... 按钮，打开"定义自定义放映"对话框，在"幻灯片放映名称"文本框中输入自定义放映的名称。

第3步 在"在演示文稿中的幻灯片"列表框中，选择播放的第11张幻灯片，单击 添加(A)>> 按钮，将幻灯片添加到"在自定义放映中的幻灯片"列表框中。

第4步 按顺序选择幻灯片，并单击 添加(A)>> 按钮，将其添加到"在自定义放映中的幻灯片"列表框中，单击 确定 按钮，如图4-63所示。

图4-62 选择"自定义放映"选项　　　图4-63 "定义自定义放映"对话框

> **小知识**
>
> 在打开的"定义自定义放映"对话框中，用户可根据需要对添加的幻灯片进行调整。方法是在"在自定义放映中的幻灯片"列表框中选择需要调整的幻灯片，单击右侧的 ⬆ 按钮，可以将所选幻灯片向前移动一个位置；单击 ⬇ 按钮，可以将所选幻灯片向后移动一个位置；单击 删除(R) 按钮，可以删除所选的幻灯片。

第5步 返回"自定义放映"对话框，在"自定义放映"列表框中已显示出新创建的自定义放映名称。

第6步 选择自定义播放的幻灯片选项，单击 放映(S) 按钮，如图4-64所示，播放自定义顺序的幻灯片。

图4-64　播放自定义顺序的幻灯片

小知识

也可以在"自定义放映"对话框中单击 关闭(C) 按钮关闭"自定义放映"对话框，返回演示文稿的普通视图中，在"开始放映幻灯片"组中单击"自定义幻灯片放映"按钮 ，在打开的下拉列表中选择前面设置的自定义播放的名称对应的选项，如图4-65所示，开始播放自定义的幻灯片。

图4-65　放映自定义放映的幻灯片

4.2.3　设置放映方式

设置幻灯片放映方式主要包括设置放映类型、放映幻灯片的数量、换片方式和是否循环放映演示文稿等。单击"幻灯片放映"选项卡，在"设置"组中单击"设置幻灯片放映"按钮 ，在打开的"设置放映方式"对话框中进行设置即可，如图4-66所示。

图4-66 "设置放映方式"对话框

1. 设置放映类型

在"放映类型"栏中单击选中对应的单选项，即可选择幻灯片的放映类型，包括"演讲者放映（全屏幕）""观众自行浏览（窗口）""在展台浏览（全屏幕）"3种，其作用分别如下。

● **演讲者放映（全屏幕）**：这是一种便于演讲者演讲的放映类型，也是最常用的全屏幻灯片放映类型。在该类型下，演讲者具有完全的控制权，可以手动切换幻灯片和动画，还可使用排练时间放映幻灯片。

● **观众自行浏览（窗口）**：以窗口形式放映演示文稿，在放映过程中可利用滚动条、【Page Down】键、【Page Up】键对放映的幻灯片进行切换，但不能单击鼠标。

● **在展台浏览（全屏幕）**：这种类型将全屏模式放映幻灯片，并且循环放映。在这种方式下，不能单击鼠标手动放映幻灯片，但可以通过单击超链接和动作按钮来切换，终止放映只能使用【Esc】键。这种类型通常用于无人管理幻灯片放映的展览会场或会议等场合中。

2. 设置放映幻灯片的数量

在"放映幻灯片"栏内可选择需要放映的幻灯片的数量。

● **放映全部幻灯片**：单击选中"全部"单选项，将依次放映演示文稿中所有的幻灯片。

● **放映一组幻灯片**：单击选中"从"单选项，在其右侧的数值框中输入开始和结束幻灯片的页数，将依次放映所选的一组幻灯片。

● **自定义放映**：单击选中"自定义放映"单选项，在其下方的下拉列表中选择之前设置的自定义放映选项，即可按自定义的设置放映幻灯片。

3. 放映选项

"放映选项"栏内的选项可指定幻灯片放映时的循环方式、旁白、动画或绘图笔。

- 若要连续放映幻灯片，可单击选中"循环放映，按ESC键终止"复选框。
- 若要放映幻灯片而不播放嵌入的解说，可单击选中"放映时不加旁白"复选框。
- 若要放映幻灯片而不播放嵌入的动画，可单击选中"放映时不加动画"复选框。
- 在放映幻灯片时，可在幻灯片上写字。若要指定墨迹的颜色，可在"绘图笔颜色"或者"激光笔颜色"下拉列表中选择墨迹颜色。

小知识

"绘图笔颜色"下拉列表只有在单击选中"演讲者放映（全屏幕）"单选项后才可使用。

4. 设置切换方式

在"换片方式"栏中可选择幻灯片的切换方式。

- 若要在演示过程中手动前进到每张幻灯片，则单击选中"手动"单选项。
- 若要在演示过程中使用幻灯片排练时间自动前进到每张幻灯片，则需单击选中"如果存在排练时间，则使用它"单选项。

小知识

在"多监视器"栏中可以设置播放器，当计算机连接了两个以上的显示器时，在"幻灯片放映显示于"下拉列表中选择一个显示器对应的选项，即可在该显示器中放映幻灯片。

4.2.4 隐藏和显示幻灯片

放映幻灯片时，系统将自动按设置的放映方式依次放映每张幻灯片，但在实际放映过程中，可以将暂时不需要的幻灯片隐藏起来，等到需要时再将其显示，其具体操作如下。

第1步 选择第4张幻灯片，然后单击"幻灯片放映"选项卡，

扫一扫观看视频

在"设置"组中单击 隐藏幻灯片 按钮，隐藏幻灯片，如图4-67所示。

第2步 此时在"幻灯片/大纲"窗格中，该幻灯片缩略图呈灰色显示，其编号上将显示 图标，如图4-68所示。

图4-67　隐藏幻灯片

图4-68　隐藏后的效果

小知识 隐藏幻灯片后，该幻灯片仍保留在演示文稿中，只是在放映幻灯片时是隐藏的。如果要显示以前隐藏的幻灯片，可选择需要显示的幻灯片，单击 隐藏幻灯片 按钮即可。也可以在放映幻灯片时，单击鼠标右键，在弹出的快捷菜单中选择"查看所有幻灯片"命令，再在屏幕中选择需要显示的幻灯片，即可将隐藏的幻灯片显示出来。

4.2.5　录制旁白

若无人放映演示文稿，可通过录制旁白的方法事先录制好演讲者的演说词。下面在"小星星"演示文稿中为第1张幻灯片录制旁白，其具体操作如下。

第1步 选择第1张幻灯片，单击"幻灯片放映"选项卡，在"设置"组中单击 录制幻灯片演示 按钮右侧的 按钮，在打开的下拉列表中选择"从当前幻灯片开始录制"选项，如图4-69所示。

扫一扫观看视频

第2步 在打开的"录制幻灯片演示"对话框中撤销选中"幻灯片和动画计时"复选框，单击 开始录制(R) 按钮，如图4-70所示。

图4-69　选择选项

图4-70　选择要录制的内容

第3步 进入幻灯片放映状态开始录制旁白，同时会在幻灯片中显示"录制"工具栏，录制完成后按【Esc】键退出幻灯片录制状态，此时可在该幻灯片中看到添加的录制旁白的声音图标 ◀ ，如图4-71所示。

第4步 在演示文稿的普通视图状态中，单击该声音图标，将自动显示声音控制条，然后在其中单击"播放"按钮 ▶ ，即可预览旁白，如图4-72所示。

图4-71　完成录制

图4-72　预览录制

> **小知识**
>
> 计算机必须安装有声卡和话筒才能够录音，录制旁白前还需进行话筒的检查，以保证其正常使用。

4.2.6　排练计时

为了更好地掌握幻灯片的放映情况，用户可通过设置排练计时得到放映整个演示文稿和放映每张幻灯片所需的时间，以便在放映演示文稿时安排放映的时间，从而实现演示文稿的自动放映，其具体操作如下。

第1步 单击"幻灯片放映"选项卡，在"设置"组中单击"排练计时"按钮，进入放映排练状态，同时打开"录制"工具栏并自动为该幻灯片计时，如图4-73所示。

扫一扫观看视频

第2步 可通过单击鼠标或按【Enter】键控制幻灯片中下一个动画或下一张幻灯片出现的时间。切换到下一张幻灯片时，"录制"工具栏中的时间将从头开始为该张幻灯片的放映进行计时，如图4-74所示。

图4-73 设置计时

图4-74 继续设置计时

小知识 在"录制"工具栏中单击 ⏸ 按钮可暂停排练计时；单击 ➡ 按钮可设置下一个放映对象的计时；单击 ↩ 按钮可重新设置当前幻灯片的计时。

第3步 设置好排练计时后，打开提示对话框提示排练计时的时间，并询问是否保留幻灯片的排练时间，单击 是(Y) 按钮进行保存，如图4-75所示。

小知识 用户若需要重新设置排练计时，可再次单击"排练计时"按钮，然后按照上面介绍的方法对排练计时进行重新设置。需要注意的是，无论设置多少次排练计时，PowerPoint只会保留最后一次设置的排练计时。

第4步 进入"幻灯片浏览"视图中，在每张幻灯片的左下角显示幻灯片播放时需要的时间，如图4-76所示。

图4-75　保存排练计时

图4-76　查看设置的排练计时

4.2.7　通过动作按钮控制放映过程

如果在幻灯片中插入了动作按钮，在放映幻灯片时，单击设置的动作按钮可切换幻灯片或启动一个应用程序，也可以用动作按钮控制幻灯片的放映。下面在"小星星"课件中插入动作按钮来控制放映过程，其具体操作如下。

扫一扫观看视频

第1步 选择第2张幻灯片，在"插入"选项卡的"插图"组中单击 形状▾ 按钮，在打开的下拉列表的"动作按钮"栏中选择一种动作按钮样式，如图4-77所示。

第2步 此时鼠标指针变为 ✛ 形状，在幻灯片中拖动绘制动作按钮，同时打开"动作设置"对话框，单击选中"超链接到"单选项，再在其下方的下拉列表中选择"幻灯片"选项，如图4-78所示。

图4-77　选择动作按钮形状

图4-78　选择链接对象

第3步 打开"超链接到幻灯片"对话框，在"幻灯片标题"列表框中选择需要链接到的幻灯片，然后单击 确定 按钮，如图4-79所示。

图4-79　选择链接的幻灯片

第4步 返回"动作设置"对话框，单击 确定 按钮完成超链接的创建，并返回到幻灯片编辑窗口。当播放幻灯片时，单击该动作按钮即可切换到链接的幻灯片中，如图4-80所示。

图4-80　查看动作按钮效果

> **小知识**
> 通常使用动作按钮链接的对象是下一张、上一张、第一张、最后一张幻灯片，此时，可直接在"动作设置"对话框的"超链接到"下拉列表中选择"下一张幻灯片""上一张幻灯片""第一张幻灯片""最后一张幻灯片"选项。但是，在进行动作按钮设置时，单击选中"动作设置"对话框中的"运行程序"单选项，可设置单击该按钮在放映过程中启动其他程序，以及播放声音或视频。

4.2.8 快速定位幻灯片

在幻灯片放映过程中，通过一定的技巧，可以快速、准确地将播放画面切换到指定的幻灯片中，达到精确定位幻灯片的效果。其方法为：在播放幻灯片的过程中单击鼠标右键，在弹出的快捷菜单中选择"定位至幻灯片"命令，在打开的子菜单中选择需要切换到的幻灯片，如图4-81所示。

图4-81 快速定位幻灯片

4.2.9 添加幻灯片注释

为幻灯片添加注释是指幻灯片在播放时，演讲者可以在屏幕中勾画重点或添加注释，将幻灯片中的重点内容更加明显地展现给观众。为幻灯片添加注释主要使用系统提供的绘图笔来实现，其具体操作如下。

扫一扫观看视频

第1步 放映幻灯片时单击鼠标右键，在弹出的快捷菜单中选择"指针选项"命令，在其子菜单下选择"笔"或"荧光笔"命令，可将鼠标指针转换为绘图笔，如图4-82所示。

小知识

荧光笔比系统默认的笔更宽一些，一般作为底纹使用。系统默认的笔颜色为红色，荧光笔颜色为黄色，用户也可根据需要更改这两种笔的颜色，其方法是：在放映幻灯片时单击鼠标右键，在弹出的快捷菜单中选择"墨迹颜色"命令，在其子菜单中可以选择注释的颜色。

第2步 返回到正在放映的幻灯片中，用绘图笔在需要画线或标注的地方按住鼠标左键拖动即可为幻灯片添加注释，如图4-83所示。

图4-82　选择笔型

图4-83　添加注释

第3步 按【Esc】键退出放映状态，打开提示对话框，提示是否保留墨迹注释，在其中单击 保留(K) 按钮，保存墨迹注释到幻灯片中，如图4-84所示。

图4-84　保存墨迹注释

小知识　在提示对话框中单击 放弃(D) 按钮，可清除所有的墨迹注释，恢复到幻灯片的最初面貌。若只需要清除某一些笔记注释，则可以在放映过程中，选择需要清除笔记注释的幻灯片，单击鼠标右键，在弹出的快捷菜单中选择"指针选项"命令，在打开的子菜单中选择"擦除幻灯片上的所有墨迹"命令，可删除当前幻灯片中的所有笔记注释；若选择"橡皮擦"命令，鼠标将变为橡皮擦样式，此时在需要清除笔记注释处单击即可清除该墨迹。

4.2.10 为幻灯片分节

为幻灯片分节不仅可以使演示文稿的逻辑性更强，还可以与他人协作创建演示文稿。下面为"小星星"演示文稿分节，其具体操作如下。

第1步 选择第1~2张幻灯片，在"开始"选项卡的"幻灯片"组中单击 按钮，在打开的下拉列表中选择"新增节"选项，即可为幻灯片分节，如图4-85所示。

图4-85 为幻灯片分节

第2步 选择第3张幻灯片，使用相同的方法为其分节，然后选择第6张幻灯片，分节该幻灯片，完成后的效果如图4-86所示。

第3步 在第3张幻灯片所在的节上单击鼠标右键，在弹出的快捷菜单中选择"重命名节"命令，如图4-87所示。

图4-86 为其他幻灯片分节

图4-87 选择"重命名节"命令

第4步 打开"重命名节"对话框，在"节名称"文本框中输入节的名称，然后单击 按钮，如图4-88所示。

第5步 返回演示文稿后即可看到重命名后的效果，使用相同的方法将最后一节幻灯片的节名更改为"歌曲图像"，效果如图4-89所示。

第6步 按【Ctrl+S】组合键保存（最终效果参见：效果文件\第4章\小星星放映.pptx）。

图4-88　输入节名称

图4-89　重命名其他节

> **小知识**
>
> 在演示文稿中，不仅可以为幻灯片分节，重命名节名称，还可以将多余或无用的节删除。其方法为：右击节名称，在弹出的快捷菜单中选择"删除节"命令可删除选择的节；选择"删除所有节"命令可删除演示文稿中的所有节。在演示文稿中，既可以将节展开，也可以将节折叠起来。双击节名称就可将其折叠，再次双击就可将其展开；还可以右击节名称，在弹出的快捷菜单中选择"全部折叠"或"全部展开"命令，将其折叠或展开。

4.2.11　提高幻灯片的放映性能

在放映幻灯片时，如发现幻灯片反应速度慢，可通过提高幻灯片的放映性能来提高其反应速度。提高幻灯片放映性能的主要方法是设置演示文稿放映时的分辨率，其方法为：在"幻灯片放映"选项卡的"监视器"组的"分辨率"下拉列表中选择所需设置的分辨率，如图4-90所示，通常默认的分辨率都是"使用当前分辨率"。

图4-90　设置幻灯片的分辨率

另外，提高幻灯片的放映性能还可以通过以下4种方法来进行。

● 缩小图片和文本的尺寸。

● 减少同步动画数目，尝试将同步动画更改为序列动画。

● 尽量少用渐变、旋转或缩放等动画效果，可使用其他动画效果替换这些效果。

● 减少按字母和按动画效果的数目。例如，只在幻灯片标题中使用这些动画效果，而不将其应用到每个项目符号上。

4.2.12　远程放映课件

随着计算机网络的应用，PowerPoint制作的课件不但能够现场演示，还可通过网络远程播放，只要计算机可以上网，即使对方的计算机没有安装PowerPoint 2010也可以放映课件。下面就讲解通过网络远程放映课件的具体操作。

扫一扫观看视频

第1步　打开制作好的课件，在【幻灯片放映】/【开始放映幻灯片】组中单击"广播幻灯片"按钮 📷。

第2步　打开"广播幻灯片"对话框，单击 启动广播(S) 按钮，如图4-91所示。

第3步　PowerPoint将连接到"PowerPoint Broadcast Service"服务，在打开的对话框中输入Windows Live ID凭据（电子邮件地址和密码），单击 确定 按钮，如图4-92所示。

图4-91　启动广播

图4-92　输入Windows Live ID

第4步　连接到"PowerPoint Broadcast Service"服务，准备广播幻灯片，并显示进度。

第5步　广播幻灯片准备完毕后，打开一个含有链接地址的对话框，单击"复制链接"超链接，如图4-93所示，将其通过QQ或Windows Live等软件发送给学生。

第6步 学生获得这个链接地址后，在浏览器中打开该链接，就可以等待教师的课件开始放映，教师只需要在"广播幻灯片"对话框中单击 开始放映幻灯片(S) 按钮，就可以开始课件的远程放映，学生可以同步看到幻灯片演示。

第7步 在放映过程中按【Esc】键退出演示，回到PowerPoint工作界面中，在"广播"选项卡的"广播"组中单击"结束广播"按钮 ，在打开的提示框中单击 结束广播(E) 按钮，如图4-94所示，即可退出远程课件放映状态。

图4-93　发送共享链接　　　　　　　图4-94　结束广播

4.3

输出"小星星"课件

课件制作完成后，还可以将其发布、打包或者打印输出，让制作出来的课件不仅能直接在计算机中展示，还可以方便其他用户在不同的位置或环境中使用和浏览。本节将通过输出"小星星"课件来具体讲解在PowerPoint 2010中输出幻灯片的相关操作。

4.3.1　发布幻灯片

在制作幻灯片的过程中，有时需要制作内容相近的幻灯片，如果重复制作，会浪费很多时间，PowerPoint 2010可以将这些经常用到的幻灯片发布到幻灯片库中，从而共享并重复使用这些幻灯片内容，使制作更加方便快捷。本节将详细讲解发布幻灯片的相关操作。

1. 将幻灯片发布到幻灯片库

若需在演示文稿中多次使用某一对象或内容，可将其直接发布到幻灯片库中，需要时直接调用，也可以用于其他演示文稿中，其具体操作如下。

扫一扫观看视频

第1步 打开演示文稿，单击"文件"选项卡，在打开的界面中选择"保存并发送"命令，在中间列表的"保存并发送"栏中选择"发布幻灯片"选项，在右侧的"发布幻灯片"栏中单击"发布幻灯片"按钮 。

第2步 打开"发布幻灯片"对话框，在"选择要发布的幻灯片"列表框中单击选中需要发布的幻灯片左侧的复选框，然后在"文件名"栏中输入对应幻灯片的名称，在"说明"栏中输入该幻灯片的说明，单击 浏览(B)... 按钮，如图4-95所示。

第3步 打开"选择幻灯片库"对话框，在地址栏中选择发布位置，或单击工具栏上的 新建文件夹 按钮新建文件夹，单击 选择(E) 按钮，如图4-96所示。

图4-95　选择发布的幻灯片　　　　图4-96　选择发布的位置

第4步 返回"发布幻灯片"对话框，单击 发布(P) 按钮进行发布，在计算机中打开该文件夹即可看到发布的幻灯片，每一张幻灯片都单独对应一个演示文稿。

小知识 若要将所有幻灯片都发布到幻灯片库中，可单击 全选(S) 按钮；若要重新选择，可单击 全部清除(C) 按钮先将原来的幻灯片清除，再进行重新选择。

2. 调用幻灯片库中的幻灯片

幻灯片发布到幻灯片库后，在需要时可以将其从幻灯片库中调出来使用，其具体操作如下。

扫一扫观看视频

第1步 新建演示文稿，在"开始"选项卡的"幻灯片"组中单击"新建幻灯片"按钮，在打开的列表中选择"重用幻灯片"选项。

第2步 在工作界面右侧打开"重用幻灯片"窗格，单击 浏览▾ 按钮，在打开的列表中选择"浏览文件"选项，或单击"打开PowerPoint文件"超链接，如图4-97所示。

第3步 打开"浏览"对话框，先选择幻灯片库对应的文件夹，在中间的列表框中选择一个发布的幻灯片，单击 打开(O) 按钮。

第4步 在"重用幻灯片"窗格的列表框中单击重用的幻灯片，在"幻灯片编辑"窗口中将新建一个文本内容与重用幻灯片相同的幻灯片。

第5步 在"重用幻灯片"窗格中的列表框中的重用幻灯片上单击鼠标右键，在弹出的快捷菜单中选择一种幻灯片的应用方式，如图4-98所示。

小知识 如果不是第一次调用幻灯片库中的幻灯片，在"从以下源插入幻灯片"下拉列表中选择幻灯片库的地址，然后单击➡按钮，即可转到指定的幻灯片库。

图4-97　"重用幻灯片"窗格　　　　图4-98　选择应用方式

4.3.2 打包幻灯片

课件制作好后，并不一定在本机中放映，有时需要发送到其他计算机中，这时就需要进行打包操作，如打包成CD、转换为其他文件类型、作为附件发送和设置保护等。

扫一扫观看视频

1. 打包成CD

打包成CD主要有两种方式，一种是打包后刻录到光盘中；另一种是直接创建一个新的文件夹。下面主要介绍复制到CD的具体操作。

第1步 打开需要打包的演示文稿，单击"文件"选项卡，在打开的面板左侧选择"保存并发送"命令，在中间列表的"文件类型"栏中选择"将演示文稿打包成CD"选项，在右侧的"将演示文稿打包成CD"栏中单击"打包成CD"按钮，如图4-99所示。

第2步 打开"打包成CD"对话框，在"将CD命名为"文本框中输入打包后的名称，如图4-100所示，单击 复制到 CD(C) 按钮将演示文稿刻录到光盘中。

图4-99 单击"打包成CD"按钮

图4-100 给CD命名

小知识 单击 添加(A)... 按钮，可以将其他的演示文稿添加到该光盘中；单击 选项(O)... 按钮，还可以在打开的对话框中设置程序包类型、演示文稿中包含的文件和保护密码等，如图4-101所示。

图4-101 设置选项

2. 复制到文件夹

将演示文稿复制到文件夹的方法与打包成CD的方法类似，都是通过"打包成CD"对话框来完成的，其具体操作如下。

第1步 打开"小星星放映"演示文稿，单击"文件"选项卡，在打开的面板左侧选择"保存并发送"命令，在中间列表的"文件类型"栏中选择"将演示文稿打包成CD"选项，在右侧的"发布幻灯片"栏中单击"打包成CD"按钮 。

第2步 打开"打包成CD"对话框，在其中单击 复制到文件夹(F)... 按钮，如图4-102所示。

第3步 打开"复制到文件夹"对话框，如图4-103所示，在"文件夹名称"文本框中输入文件夹的名称，在"位置"文本框中输入文件夹的位置，单击 确定 按钮，即可将演示文稿打包到一个文件夹中（最终效果参见：效果文件\第4章\小星星放映\）。

图4-102　单击"复制到文件夹"按钮

图4-103　"复制到文件夹"对话框

4.3.3　输出演示文稿

制作完成后的演示文稿可以转换为其他文件类型，以便使用，如将演示文稿转换为视频或PDF文件，或将演示文稿转换为图片保存，下面分别进行介绍。

1. 将演示文稿转换为视频

若要在没有安装PowerPoint软件的计算机中放映演示文稿，可将演示文稿转换为视频，其具体操作如下。

第1步 打开演示文稿，单击"文件"选项卡，在打开的面板左侧选择"保存并发送"命令，在中间列表的"文件类型"栏中选择"创建视频"选项。

第2步 在右侧的"创建视频"栏中的"计算机和HD显示"下拉列表中设置显示的性能和分辨率，在"不要使用录制的计时和旁白"下拉列表中可设置计时和旁白，在"放映每张幻灯片的秒数"数值框中可设置每张幻灯片的播放时间，然后单击"创建视频"按钮，如图4-104所示。

图4-104　转换为视频

小知识

选择的载体不同，要求的分辨率也不同，如在计算机或投影仪上显示，分辨率为960像素×720像素；上传到Internet或在DVD上播放，分辨率为640像素×480像素；在便携式设备上播放，分辨率为320像素×240像素。

第3步 打开"另存为"对话框，在地址栏中选择保存位置，单击 保存(S) 按钮即可转换为视频，如图4-105所示（最终效果参见：效果文件\第4章\小星星放映.wmv）。

图4-105　设置视频保存位置

第4步 完成转换后，在保存的文件夹中双击创建的视频文件（默认格式为 WMV），即可使用默认的播放器进行放映。

2. 将演示文稿转换为PDF文档

将演示文稿转换为PDF文档的具体操作如下。

第1步 打开演示文稿，单击"文件"选项卡，在打开的面板左侧选择"保存并发送"命令，在中间列表的"文件类型"栏中选择"创建PDF/XPS文档"选项，在右侧的"创建PDF/XPS文档"栏中单击"创建PDF/XPS"按钮 📄。

扫一扫观看视频

第2步 打开"发布为PDF或XPS"对话框，在地址栏中选择保存位置，在"保存类型"右侧的下拉列表中选择"PDF"选项，单击 选项(O)... 按钮，如图4-106所示。

第3步 打开"选项"对话框，在其中设置转换的各种选项，包括转换的范围、包括的信息、PDF选项等，单击 确定 按钮，如图4-107所示。

图4-106　发布PDF　　　　图4-107　设置选项参数

第4步 返回"发布为 PDF 或 XPS"对话框，单击 发布(S) 按钮，完成后将自动打开发布的PDF文档，如图4-108所示（最终效果参见：效果文件\第4章\小星星放映.pdf）。

小知识 PDF是目前很流行的便携文件类型，用PDF制作的电子书具有纸版书的阅读效果，可以逼真地展现原书、原貌，并且显示大小可任意调节，给读者提供了个性化的阅读方式。

图4-108　预览PDF文档

3. 将演示文稿转换为图片

在PowerPoint中可将演示文稿保存为图片，保存为图片后，在未安装PowerPoint的计算机中也可查看各张幻灯片效果，其具体操作如下。

扫一扫观看视频

第1步 打开需要转换的演示文稿，单击"文件"选项卡，在打开的面板左侧选择"另存为"命令。

第2步 打开"另存为"对话框，在地址栏中选择保存位置，在"文件名"文本框中输入名称，在"保存类型"下拉列表中选择"JPEG 文件交换格式"选项，单击 保存(S) 按钮，如图4-109所示。

第3步 在打开的提示对话框中提示用户导出当前幻灯片还是所有幻灯片，单击 每张幻灯片(E) 按钮，PowerPoint将保存所有幻灯片为图片。

第4步 保存完成后将打开提示对话框，直接单击 确定 按钮即可完成图片的保存。

图4-109　设置保存类型

4. 将演示文稿创建为讲义

将演示文稿创建为讲义，实际上就是将其转换为Word文档，此时，演示文稿将作为Word文档在新的窗口中打开，并可以像处理Word文档一样对其进行编辑、打印和保存等操作，其具体操作如下。

扫一扫观看视频

第1步 打开需要创建为讲义的演示文稿，单击"文件"选项卡，在打开的面板左侧选择"保存并发送"命令，在中间的列表中选择"创建讲义"选项，在右侧单击"创建讲义"按钮📑，如图4-110所示。

第2步 打开"发送到Microsoft Word"对话框，在"Microsoft Word使用的版式"栏和"将幻灯片添加到Microsoft Word文档"栏中单击选中相应的单选项，单击 确定 按钮即可，如图4-111所示。

图4-110　单击"创建讲义"按钮　　　　图4-111　打开对话框

5. 将演示文稿输出为其他类型

除了前面介绍的几种输出格式外，还可以将其转换为PowerPoint 97-2003等其他版本或其他类型的演示文稿，其具体操作如下。

第1步 打开需要更改文件类型的演示文稿，单击"文件"选项卡，在打开的面板左侧选择"保存并发送"命令，在中间的列表中选择"更改文件类型"选项，然后在右侧选择相应的选项，单击"另存为"按钮📊，打开"另存为"对话框，如图4-112所示。

扫一扫看视频

第2步 在打开的对话框中设置文件的保存位置和名称，然后单击 保存(S) 按钮即可。

图4-112　选择选项

4.3.4　将演示文稿作为附件发送

除了输出幻灯片外，将演示文稿作为电子邮件的附件发送，也是一种打包幻灯片的方式，其具体操作如下。

第1步　打开演示文稿，单击"文件"选项卡，在打开的面板左侧选择"保存并发送"命令，在中间列表的"保存并发送"栏中选择"使用电子邮件发送"选项，在右侧的"使用电子邮件发送"栏中单击"作为附件发送"按钮，如图4-113所示。

扫一扫观看视频

第2步　打开Outlook的操作界面，在"附件"文本框中自动对演示文稿进行打包，如图4-114所示，然后就可以利用Outlook发送这封带有附件的电子邮件。

图4-113　作为附件发送

图4-114　发送带有附件的电子邮件

4.3.5 设置保护

制作完成演示文稿后，可为演示文稿设置权限并添加密码，防止演示文稿中的内容被修改，其具体操作如下。

扫一扫观看视频

第1步 打开需要操作的演示文稿，单击"文件"选项卡，在打开的面板左侧选择"信息"命令，在中间的列表中单击"保护演示文稿"按钮 ，在打开的列表中选择"用密码进行加密"选项，如图4-115所示。

第2步 打开"加密文档"对话框，在"密码"文本框中输入密码，然后单击 确定 按钮，如图4-116所示。

图4-115 选择密码进行保护

图4-116 设置密码

第3步 打开"确认密码"对话框，在"重新输入密码"文本框中再次输入相同的密码，单击 确定 按钮，如图4-117所示，保存演示文稿后退出。

第4步 重新打开该演示文稿时，将打开"密码"提示框，如图4-118所示，在文本框中输入正确的密码后，单击 确定 按钮才能打开该演示文稿。

图4-117 确认密码

图4-118 密码保护

> **小知识** 如果要解除演示文稿的保护，需要先用密码打开演示文稿，使用同样的方法打开"加密文档"对话框，在"密码"文本框中删除以前设置的密码，单击 确定 按钮，然后保存演示文稿即可解除保护状态。

4.3.6　打印课件

演示型课件不仅可以进行现场演示，还可以将其打印在纸张上，作为演讲稿或分发给观众作为演讲提示等。

1. 页面设置

在打印幻灯片之前，需要对打印页面的相关参数进行设置，了解这些参数的作用，可帮助演讲者更加快速、有目的地对打印参数进行设置。单击"文件"选项卡，在打开的面板左侧选择"打印"命令，即可切换到打印界面，该界面主要分为打印、打印机、设置、预览4部分，如图4-119所示。

图4-119　打印页面

- **"打印"栏**：在该栏中先设置打印份数，然后单击"打印"按钮 🖨 开始打印。
- **"打印机"栏**：在其中可选择安装的打印机，单击"打印机属性"超链接，可打开相应的文档属性对话框，在其中可设置打印机的相关属性。
- **"设置"栏**：在其中可选择如何打印幻灯片，如打印其中的某几张幻灯片、在一张纸上打印几张幻灯片、打印版式、打印色彩等，如图4-120所示。
- **预览栏**：右侧为预览栏，在其中可预览幻灯片在纸张上的打印效果，通过其下的按钮可设置预览的幻灯片和视图大小。

图4-120　设置打印

作为演示用的课件，一般不需要进行打印，但由于课件中的内容比较简单，为了方便学生理解，有时会将课件的讲义打印出来，供学生翻阅。若使用PowerPoint制作的课件还有其他用途，如包含需要传阅的数据或今后的规划等，还需要将该类幻灯片打印出来供学生查阅。

2. 打印讲义幻灯片

打印讲义就是将一张或多张幻灯片打印在一张或几张纸上面，可供演讲者或观众参考。打印讲义的方法与打印幻灯片的类似，不过打印讲义更为简单，只需在PowerPoint的"视图"选项卡功能区中进行设置，然后设置打印参数后即可进行打印，其具体操作如下。

扫一扫看视频

第1步 打开需要打印的演示文稿，在"视图"选项卡中的"母版视图"组中单击"讲义母版"按钮，进入讲义母版编辑状态。

第2步 在"讲义母版"选项卡的"页面设置"组中单击 每页幻灯片数量 按钮，在打开的列表中选择"3张幻灯片"选项，然后在"占位符"组中设置打印时显示的选项，最后单击"关闭母版视图"按钮，如图4-121所示，退出讲义母版编辑状态。

第3步 单击"文件"选项卡，在打开的面板左侧选择"打印"命令，在中间列表的"设置"栏中，单击"整页幻灯片"按钮□，在打开的列表框的"讲义"栏中选择"3张幻灯片"选项。

第4步 在右侧的预览栏中可以看到设置的打印效果，如图4-122所示，在中间的列表中单击"打印"按钮，即可打印讲义。

图4-121　设置讲义

图4-122　打印讲义

> **小知识**
>
> 每页幻灯片数量不同，幻灯片的排放位置也会有所差别，一般选择3张，这样既可以查看幻灯片，又可以查看旁边的相关信息。

3. 打印备注幻灯片

如果幻灯片中存在大量的备注信息，又不想观众在屏幕上看到这些备注信息，此时可将幻灯片及其备注内容打印出来，只供演讲者查阅。打印备注幻灯片的方法与打印讲义幻灯片的方法相似，其具体操作如下。

扫一扫观看视频

第1步 打开需要打印的演示文稿，在"视图"选项卡的"母版视图"组中单击"备注母版"按钮，进入备注母版编辑状态。

第2步 在"备注母版"选项卡的"占位符"组中设置打印时显示的选项，在"页面设置"组中设置备注页的方向，单击"关闭母版视图"按钮，如图4-123所示，退出备注母版编辑状态。

第3步 单击"文件"选项卡，在打开的面板左侧选择"打印"命令，在中间列表的"设置"栏中单击"整页幻灯片"按钮□，在打开的列表框的"打印版式"栏中选择"备注页"选项。

第4步 在右侧的预览栏中可以看到设置的打印效果，如图4-124所示，在中间的列表中单击"打印"按钮 🖨，即可打印备注幻灯片。

> **小知识** 如果幻灯片中没有输入备注信息，打印预览时备注框中将不显示任何信息。如果需要在幻灯片中输入备注，在"视图"选项卡的"演示文稿视图"组中单击"备注页"按钮 📄，在打开的"备注页"视图的备注文本框中输入备注内容。

图4-123　设置备注

图4-124　打印备注

4. 打印大纲

打印大纲就是将大纲视图中的文本内容打印出来，而不把幻灯片中的图片、表格等内容也打印出来，以方便查看幻灯片的主要内容。打印大纲的方法最简单，只需在设置打印机属性、打印范围等参数后，单击"文件"选项卡，在打开的面板左侧选择"打印"命令，在中间列表的"设置"栏中，单击"整页幻灯片"按钮 🔲，在打开的列表框的"打印版式"栏中选择"大纲"选项，在右侧的预览栏中可以看到设置的打印效果，如图4-125所示，在中间的列表中单击"打印"按钮 🖨，即可打印大纲。

图4-125　打印大纲

4.4

快速制作演示型课件类PPT

在制作演示型课件类的PPT时，要求效果精美，且符合之前所介绍的内容。在互联网技术发达的今天，教师可以利用网络来快速制作精美的PPT课件。本节将通过在网上下载模板和素材快速制作PPT课件来介绍在网上下载模板和素材的方法，以及如何编辑和使用下载的素材PPT。

4.4.1　在网上下载PPT课件

从无到有制作精美的PPT课件对于教师来说还是比较费时的，教师更多的精力是放在教学上，因此，教师可以利用互联网下载一些模板来进行修改，从而快速完成课件的制作。下面介绍在网上下载PPT课件的具体方法。

扫一扫观看视频

第1步 打开IE浏览器，在地址栏中输入"http://www.51pptmoban.com/"，按【Enter】键打开"51 PPT模板"网页，在导航栏中单击"PPT专题"超链接，如图4-126所示。

第2步 打开"PPT专题"页面，在"推荐"栏中单击"卡通"超链接，如图4-127所示。

图4-126　打开网页

图4-127　选择幻灯片类型

第3步 在打开的网页中可以预览卡通类型的PPT样式，单击 下一页 按钮，浏览下一页PPT，如图4-128所示。

第4步 打开下一页PPT样式预览列表，在其中找到需要的PPT样式，然后单击对应样式下的超链接，如图4-129所示。

第5步 在打开的子网页中可以看到该PPT中每张幻灯片的效果，单击

下载地址 按钮，如图4-130所示。

第6步 在打开的下载页面中单击"本地下载"超链接，打开"新建任务"对话框，在其中单击 立即下载 按钮，如图4-131所示，即可将选择的PPT下载到计算机中。

图4-128　浏览幻灯片样式

图4-129　选择需要下载的PPT

图4-130　单击"下载地址"按钮

图4-131　单击"立即下载"按钮

4.4.2　修改下载的PPT

在网上下载的PPT通常会包含一些水印、标志等元素，这些元素是我们在制作课件时不需要的，可以将其删除，并且，对于不适合的装饰元素或页面，也可以将其删除。下面简单介绍修改下载的PPT的方法，其操作如下。

扫一扫观看视频

第1步 打开下载的演示文稿，选择第1张幻灯片，在其中选择需要删除的元素，按【Delete】键将其删除，如图4-132所示。

第2步 选择第7张和第8张幻灯片，将其删除，然后选择第9张幻灯片，将右侧的标志删除，最后删除第10张幻灯片，完成后的效果如图4-133所示。

图4-132　删除多余的元素

图4-133　删除其他不需要的元素和幻灯片

4.5

课后练习

　　本章主要介绍了为演示文稿设置动画、放映演示文稿和在网上下载模板快速制作PPT的方法。在幼儿园教学中，这些PPT操作非常实用，因此教师需要好好掌握，并能够熟练运用。

1. 制作"开铺子"幻灯片

　　本练习将设计"开铺子"演示文稿，首先打开提供的"开铺子.pptx"素材文件（素材参见：素材文件\第4章\开铺子.pptx），设置幻灯片的切换动画，然后为幻灯片中的对象添加动画效果，最后放映该演示文稿，完成后的参考效果如图4-134所示（最终效果参见：效果文件\第4章\开铺子.pptx）。

图4-134 "开铺子"演示文稿

2. 制作"食物王国"幻灯片

本练习将设计"食物王国"演示文稿，首先打开提供的"食物王国.pptx"素材文件（素材参见：素材文件\第4章\食物王国.pptx），需要在幻灯片中为幻灯片对象添加相应的动画，然后添加幻灯片切换动画，接着设置排练计时，最后预览动画效果、放映幻灯片，完成后的参考效果如图4-135所示（最终效果参见：效果文件\第4章\食物王国.pptx）。

图4-135 "食物王国"幻灯片

4.6

拓展知识

下面主要介绍课件制作中设置动画的技巧和动画类型的相关知识，以及使用超链接的一些注意事项。

1. 设置动画的技巧

在制作PowerPoint动画时，要想制作出的动画能吸引学生的注意，需注意以下5点。

- **技巧一**：首先需要完全掌握PowerPoint中自带的所有动画样式的功能，最好验证所有动画样式的效果，了解各种动画的效果选项；然后在制作动画时尽量先考虑使用这些已有的动画样式，如果这些动画样式不能直接实现所需的效果，再考虑如何通过组合这些动画样式来实现。如要实现字幕效果，可以通过"更改进入效果"对话框，在其中选择"字幕式"的动画方式来设置。

- **技巧二**：制作的动画一定要醒目，只有突出和炫目的动画才能吸引学生的注意。教室空间大，投影幕布的尺寸有限，如果制作的动画效果不明显，或者持续时间不长，学生可能看不到，甚至没注意到，动画也就失去了强调和引起注意的作用，还不如不制作动画。

- **技巧三**：无论是什么动画，都必须遵循事物本身的运动规律，因此制作时要考虑对象的先后顺序、大小、位置关系以及与演示环境的协调等，这样才符合常识。如由远到近时对象会从小到大，反之亦然。

- **技巧四**：幻灯片动画的节奏应该设计得比较快速，最好不用缓慢的动作，同时一个精彩的动画往往是具有一定规模的创意动画，因此制作前最好先设计好动画的框架与创意，再去逐步实施。

- **技巧五**：根据演示场合制作适量的动画，理科课件通常比较严谨，最好不要制作过多的修饰动画，这类课件一定要简洁、高效。

2. 动画类型

PowerPoint动画实际上是一个个应用于对象上的效果，而每个效果是由一个或多个动作组合而成的。归纳起来，PowerPoint 2010动画主要有以下8种。

- **颜色动画**：改变对象的颜色。
- **旋转动画**：对象旋转指定角度。
- **缩放动画**：对象放大或缩小。
- **设置动画**：设置对象的某个属性值。
- **属性动画**：对对象的属性值进行复杂设置。
- **滤镜动画**：设置对象应用PowerPoint内置的滤镜效果。
- **路径动画**：对象沿指定的轨迹进行运动。
- **命令动画**：设置媒体对象的动画。

　　每个动作都提供属性，对于不同的属性类型，会产生不同的动画类型，因此可以把PowerPoint动画分为From/To/By 动画、关键帧（或动画点）动画、滤镜动画3种类型。

● **From/To/By动画**：这是一种在起始值和结束值之间进行动画处理的类型。若要指定起始值，则设置动画的From属性；若要指定结束值，则设置动画的To属性；若要指定相对于起始值的结束值，则设置动画的 By属性（而不是 To 属性）。如PowerPoint自带的颜色、旋转、缩放和路径动画就属于这种类型。

● **关键帧动画**：关键帧动画的功能比 From/To/By 动画的功能更强大，因为可以指定任意多个目标值，甚至可以控制它们的插值方法。如PowerPoint自带的随机线条和弹跳动画就属于这种类型。

● **滤镜动画**：使用PowerPoint内置的滤镜效果。如PowerPoint自带的强调动画就属于这种类型。

3. 使用超链接的注意事项

　　超链接能够轻松实现篇幅较大的课件的精确定位，也能在多个对象间轻松切换，所以在课件中的应用非常广泛。但在使用超链接时，也需要注意以下4点。

● **超链接是否有效**：要确保超链接的使用有效，能跳转到设置的位置，所以在创建好超链接后，应该做好检验工作，确保万无一失。

● **链接的网页是否能正常打开**：通过超链接链接到网页时，应该考虑网速问题，并测试该网页是否能正常打开，以防止在放映课件时因为网速不佳打不开网页或网页根本不存在等情况发生。

● **PowerPoint版本是否正确**：如果使用PowerPoint 2010制作的课件，使用PowerPoint 2003可能无法放映，因此要防止放映时因为版本不同而无法打开。

● **视频播放器是否安装**：当有超链接链接到视频时，根据视频的格式，要提前准备与之对应的视频播放器，防止放映时视频无法打开的情况发生。

第5章

Flash动画型课件制作

Flash动画型课件主要是教师利用简单的动画来表达一些简单的故事情节，让幼儿能够轻易地明白教师所要表达的事物或知识，促进幼儿听、说、读、写能力的发展，满足其想象力的发挥。本章通过5个具体案例来讲解在Flash CS6中制作动画和发布动画的相关知识。

5.1

制作"童趣森林"场景

Flash是美国Adobe公司推出的一款专业二维动画制作软件，它以简单易学、效果流畅、画面风格生动并多变的特点，赢得了广大动画爱好者的青睐。本节将通过制作一个"童趣森林"动画场景来具体讲解在Flash CS6的操作界面中进行新建文档、导入图像、变形图像和添加文字等操作，参考效果如图5-1所示。

图5-1 "童趣森林"场景效果

5.1.1 Flash概述

幼儿园话筒教学课件设计中，为什么要使用Flash来制作动画呢？在学习使用Flash来制作动画前，需要了解Flash动画简介和动画设计流程的相关知识。

1. Flash 动画简介

Flash动画是目前网络上最流行的一种交互式动画，这种格式的动画必须用Adobe公司开发的Flash Player播放器才能正常观看。Flash动画之所以受到广大动画爱好者的喜爱，主要有以下5个方面的原因。

- Flash动画一般由矢量图制作，无论将其放大多少倍都不会失真，且动画文件较小，利于传播，因此无论在计算机、DVD还是手机等设备上播放Flash动画，都可以获得非常好的画质与动画体验效果。
- Flash动画具有交互性，即用户可以通过单击、选择、输入或按键等方式与Flash动画进行交互，从而控制动画的运行过程与结果，这一点是传统动画无法比拟的，这也是很多游戏开发者甚至很多网站使用Flash进行制作的原因。

- Flash动画制作的成本低。使用Flash制作的动画能够大大减少人力、物力资源的消耗，同时节省制作时间。
- Flash动画采用先进的"流"式播放技术，用户可以边下载边观看，完全适应当前网络的需要。另外，在Flash的ActionScript脚本（简写为AS）中加入等待程序，可使动画在下载完毕后再观看，从而解决Flash动画下载速度慢的问题。
- Flash支持多种文件格式的导入与导出，除了可以导入图片外，还可以导入视频、声音等。可导入的图片及视频格式非常多，如.jpg、.png、.gif、.ai、.psd、.dxf等，其中导入.ai、.psd等格式的图片时，还可以保留矢量元素及图层信息。另外，Flash的导出功能也非常强大，不仅可以输出swf动画格式，还可以输出avi、gif、html、mov、exe可执行文件等多种文件格式。通过Flash的导出功能，可以将Flash作品导出为多种版本用于多种用途，如导出为swf及html格式，再将其放到互联网上，就可以通过网络观看Flash动画，或将Flash动画导出为gif动画格式，然后发到QQ群中，这样QQ好友就可以查看动画效果了（QQ群是不直接支持播放Flash动画的，需要通过下载才能观看）。

2. 动画设计流程

在制作一个出色的动画前，需要对该动画的每一个画面进行精心的策划，然后根据策划一步一步完成动画。制作Flash动画的过程一般可分为6步。

- **前期策划：** 在制作动画之前，首先应明确制作动画的目的、所要针对的顾客群、动画的风格与色调等，然后根据顾客的需求制作一套完整的设计方案，并对动画中出现的人物、背景、音乐及动画剧情的设计等要素做具体的安排，以方便素材的收集。
- **收集素材：** 在收集素材文件时，要有针对性地对具体素材进行收集，避免盲目地收集一大堆素材，节省制作时间。完成素材的收集后，可以将素材按一定的规格，使用其他软件（如Photoshop）进行编辑，以便于动画的制作。
- **制作动画：** 制作动画是创建Flash作品过程中最重要的一步，制作出来的动态效果好坏将直接决定Flash作品的成功与否，因此在制作动画时要注意动画中的每一个环节，要随时预览动画以便及时观察动画效果，发现和处理动画中的不足并及时调整与修改。
- **后期调试与优化：** 动画制作完毕后，应对动画进行全方位的调试，调试的目的是使整个动画看起来更加流畅、紧凑，且按期望的效果进行播放。调试动画主要是针对动画对象的细节、分镜头和动画片段的衔接、声音与动画播放是否同步等问题进行调整，以保证动画作品的最终效果与质量。

● **测试动画**：动画制作完成并优化调试后，应对动画的播放及下载等进行测试，因为每个用户的计算机软硬件配置都不相同，所以应尽量在不同配置的计算机上测试动画，然后根据测试结果对动画进行调整和修改，使其在不同配置的计算机上均有很好的播放效果。

● **发布动画**：发布动画是Flash动画制作过程中的最后一步，用户可以对动画的格式、画面品质和声音等进行设置。在进行动画发布时，应根据动画的用途、使用环境等对动画进行设置，而不是一味地追求较高的画面质量、声音品质，从而增加不必要的文件，影响动画的传输速度。

5.1.2　认识Flash CS6操作界面

安装好Flash CS6后即可使用该软件，使用"开始"菜单：在桌面中选择【开始】/【所有程序】/【Adobe Flash Professional CS6】命令即可启动该软件。启动Flash CS6后，并不是直接进入其工作界面，而是先显示Flash CS6的启动界面，在该界面中可以选择创建模板，也可以选择学习Flash CS6的相关功能和作用，如图5-2所示。

图5-2　Flash启动界面

在Flash的启动界面中可以进行多种操作，具体如下。

● **从模板创建**：在该栏中单击相应的模板类型，可创建基于模板的Flash动画文件。

● **打开最近的项目**：在该栏中可以通过选择"打开"选项，选择文件进行打开。该栏还可显示最近打开过的文件，单击文件的名称，可快速打开相应的文件。

● **新建**：该栏中的选项表示可以在Flash CS6中创建的新项目类型。

● **学习**：在该栏中选择相应的选项，可链接到Adobe官方网站相应的学习目录下。

● **教程和帮助**：选择该栏中的任意选项，可打开Flash CS6的相关帮助文件和教程等。

● **不再显示**：单击选中该复选框，在下次启动Flash时将不再显示启动界面。

只有在创建好Flash动画文件后，才能进入到其工作界面，使用各个面板的功能。Flash CS6的工作界面主要由菜单栏、面板、工具箱以及场景和舞台等组成。下面对Flash CS6的工作界面进行介绍，如图5-3所示。

图5-3　Flash CS6工作界面

1. 菜单栏

Flash CS6的菜单栏主要包括文件、编辑、视图、插入、修改、文本、命令、控制、调试、窗口、帮助等命令，在制作Flash动画时，通过执行对应菜单中的命令，即可实现特定的操作。

2. "时间轴"面板

时间轴用于组织和控制一定时间内的图层和帧中的文档内容。与胶片一样，Flash 文档也将时长分为帧。图层就像堆叠在一起的多张幻灯胶片一样，每个图层都包含一个显示在舞台中的不同图像。选择【窗口】/【时间轴】命令，打开图5-4所示的"时间轴"面板。

图5-4 "时间轴"面板

"时间轴"面板中各选项含义如下。

● **帧**：帧是Flash动画中最基础的组成部分，播放时Flash以帧的排列从左向右依次快速进行切换，每个帧都是存放于图层上的。

● **空白关键帧**：要在帧中创建图形，必须新建空白关键帧，此类帧在时间轴上以空心圆点显示。

● **关键帧**：在空白关键帧中添加元素后，空白关键帧将被转换为关键帧，此时，空心圆点将被转换为实心圆点。

● **帧标题**：位于时间轴顶部，用于提示帧编号，帮助用户快速定位帧位置。

● **播放头**：用于标识当前的播放位置，用户可以随意地对其进行单击或拖动操作。

● **图层**：用于存放舞台中的元件，可一个图层放置一个元件，也可一个图层放置多个元件。

● **当前图层**：当前正在编辑的图层。

● **显示和隐藏所有图层**：单击图层列表左上方的 👁 按钮，所有图层都将被隐藏；再次单击该按钮将会显示所有的图层。

● **锁定所有图层**：单击图层列表左上方的 🔒 按钮，所有图层都将不能被操作；再次单击该按钮将解锁所有图层。

● **为所有文档显示轮廓**：每个图层名称的最右边都有多个颜色块，表示该图层元件的轮廓色。单击图层列表左上方的 □ 按钮，所有图层中的元件都会显示轮廓色；再次单击该按钮，将会取消显示轮廓色。

● **新建图层**：单击 🗂 按钮，可新建一个图层。

● **新建文件夹**：单击 📁 按钮，可新建一个文件夹。在制作时将相同属性和一个类别的图层放置在一个文件夹中可方便编辑管理。

- **删除：** 单击 按钮，可删除选中的图层。
- **播放控制：** 用于控制动画的播放，从左到右依次为"转到第一帧"按钮 、"后退一帧"按钮 、"播放"按钮 、"前进一帧"按钮 和"转到最后一帧"按钮 。
- **绘图纸外观轮廓：** 用于在舞台中同时显示多帧的情况，一般用于编辑、查看有连续动作的动画。
- **帧速率：** 用于设置和显示当前动画文档一秒中播放的帧数，动作越细腻的动画，需要的帧速率越高。
- **运行时间：** 用于显示播放头所在的播放时间，帧速率不同，相同帧显示的运行时间也有所不同。
- **"时间轴"面板菜单：** 单击 按钮，在打开的下拉列表中提供了关于时间轴显示设置的选项。

3. 工具箱

工具箱主要由"工具""查看""颜色""选项"等部分组成，可用于绘制、选择、填充、编辑图形。各种工具不但具有相应的绘图功能，还可设置相应的选项和属性。如"颜料桶工具"有不同的封闭选项以及颜色和样式等属性，如图5-5所示。

图5-5　工具箱

4. "属性"面板

"属性"面板是一个实用而又特殊的面板，常用于设置绘制对象或其他元素（如帧）的属性。"属性"面板没有特定的参数选项，它会随着选择工具对象的不同而出现不同的参数。图5-6所示为选择铅笔工具后的"属性"面板（面板经过调整）。

图5-6　"属性"面板

5. "颜色"面板

"颜色"面板是绘制图形的重要部分，主要用于填充笔触颜色和填充颜色。"颜色"面板包括"样本"和"颜色"两个选项卡。图5-7所示分别为"样本"选项卡和"颜色"选项卡。

图5-7　"颜色"面板

6. 辅助线

辅助线有助于对齐对象，与网格线不同的是，辅助线可以拖动到场景中的任何位置。选择【视图】/【辅助线】/【显示辅助线】命令，在场景中标尺处按住鼠标左键不放拖动即可显示辅助线，如图5-8所示。

图5-8　辅助线

7. 场景和舞台

场景和舞台如图5-9所示，其中Flash场景包括舞台、标签等。图形的制作、编辑和动画的创作都必须在场景中进行，且一个动画可以包括多个场景。舞台是场景中最主要的部分，动画的展示只能在舞台上显示，通过文档属性可以设置舞台大小和背景颜色。

图5-9 场景和舞台

5.1.3 新建并保存Flash文件

选择【文件】/【新建】命令或按【Ctrl+N】组合键，或在启动界面的"新建"栏中进行文件的选择，即可新建Flash文件，新建文件后可将其保存到计算机中。下面以新建"童趣森林"为例进行介绍，其具体操作如下。

扫一扫观看视频

第1步 启动Flash CS6，选择【文件】/【新建】命令，在打开的对话框中选择要新建的Flash文件类型，单击 确定 按钮，完成Flash文件的新建，如图5-10所示。

图5-10 新建Flash文件

第2步 选择【修改】/【文档】命令、按【Ctrl+J】组合键或在舞台中单击鼠标右键，在弹出的快捷菜单中选择"文档属性"命令，皆可打开"文档设置"对话框。

第3步 在打开的"文档设置"对话框的"尺寸"栏中输入舞台的尺寸，"宽度"和"高度"文本框分别为"800像素""500像素"，如图5-11所示。

第4步 单击 确定 按钮，完成文档的设置，效果如图5-12所示。

图5-11 "文档设置"对话框 图5-12 设置文档尺寸后的效果

第5步 选择【文件】/【保存】命令或按【Ctrl+S】组合键，打开"另存为"对话框，在"查找范围"下拉列表中选择保存位置，在"文件名"下拉列表中输入文件名称，最后单击 保存(S) 按钮完成Flash文件的保存，如图5-13所示。

图5-13 保存Flash文件

5.1.4 导入素材文件并进行编辑

下面启动Flash CS6，设置画布大小后将所有素材导入到库中，再将其移动至舞台，完成后对图片进行缩放、变形、旋转等操作，其具体操作如下。

扫一扫观看视频

第1步 选择【文件】/【导入】/【导入到库】命令，在打开的"导入到库"对话框中选择"童趣"文件夹中的所有文件（素材参见：素材文件\第5章\童趣\），单击 打开(O) 按钮，如图5-14所示。

图5-14　导入文件到库

第2步　按【Ctrl+L】组合键，打开"库"面板。使用鼠标选择"背景"图像并将其拖动到舞台上，如图5-15所示。

第3步　在"库"面板中将"儿童1.png"图像移动到舞台上。在"工具"面板中选择"任意变形工具" ，单击选中舞台上的"儿童1.png"图像。将鼠标光标移动到图像左上角，当鼠标光标变为 状时，按住【Shift】键向下拖动鼠标，将图像缩小，如图5-16所示。

第4步　使用相同的方法将"儿童2.png～儿童4.png"图像移动到舞台上，缩小图像。完成后将其移动到地面上和树叶上。

第5步　将"儿童5.png"图像移动到舞台上方，缩小图像。按【Ctrl+T】组合键，打开"变形"面板，选择"儿童5.png"图像，在"变形"面板中设置"旋转"值为"155.8°"，如图5-17所示。

第6步　将"儿童6.png～儿童8.png"图像移动到舞台上，缩小图像。最后设置"儿童8.png"图像的"旋转"值为"-121.7°"。

图5-15　添加背景

图5-16　缩小图像

第7步　选择舞台中的所有儿童图像，按【Ctrl+G】组合键，群组图像。在"工具"面板中选择"文本工具" ，使用该工具在舞台中间单击输入"童趣森林"文本，完成本例的制作，如图5-18所示（最终效果参见：效果文件\第5章\童趣森林.fla）。

图5-17 设置旋转值

图5-18 最终效果

5.2

绘制动画场景

使用Flash制作动画时可从外部调用相关的素材图像，当外部图像不能满足使用需求时，就需要制作者自行绘制图像。本节将通过绘制一个动画场景来具体讲解在Flash CS6中绘制图像并填充图像的相关操作，参考效果如图5-19所示。

图5-19 绘制动画场景效果

5.2.1 绘制并填充动画背景

动画的背景通常是制作者自行绘制的，下面介绍如何使用Flash CS6绘制并填充动画背景，具体操作如下。

第1步 选择【文件】/【新建】命令，打开"新建文档"对话框，设置"宽"和"高"分别为"800像素""560像素"，单击"背景颜色"后的色块，在弹出的选项框中

扫一扫观看视频

选择"#0099FF"选项，单击 确定 按钮，如图5-20所示。

第2步　在工具箱中选择"矩形工具" ▢，在"属性"面板的"填充和笔触"栏中单击笔触颜色右侧的色块，在打开的面板中单击右上角的 ▧ 按钮，设置无笔触颜色，然后单击填充按钮右侧的色块，在打开的面板中选择"#00CC66"选项，设置填充颜色，如图5-21所示。

图5-20　新建文件　　　　　　　　　图5-21　设置填充颜色

第3步　在舞台的下方绘制一个绿色无笔触的矩形作为地面，然后选择"任意变形工具" ▧，在舞台中选中绘制的矩形，再在工具箱中单击"封套"按钮 ▨，如图5-22所示。

第4步　使用鼠标拖动矩形上出现的控制点，调整形状，完成后的效果如图5-23所示。

图5-22　绘制并选择矩形　　　　　　　图5-23　调整矩形

第5步　选择"基本矩形工具" ▢，在舞台下方绘制一个土黄色（#996600）无笔触的矩形对象作为树干，如图5-24所示。

第6步　选择"任意变形工具" ▧，在舞台中选中绘制的树干，再在工具箱中单击"封套"按钮 ▨，使用鼠标调整树干形状，如图5-25所示。

图5-24　绘制树干

图5-25　调整树干

第7步　选择"基本椭圆工具" ，在舞台下方绘制一个"笔触颜色"和"填充颜色"分别为"#54A57D"和"#006633"的椭圆对象作为树叶，并使用任意变形工具调整椭圆形状和角度，如图5-26所示。

图5-26　绘制树叶

第8步　使用相同的方法绘制并编辑其他树叶，如图5-27所示。

图5-27 绘制其他树叶

第9步 选择"基本椭圆工具" ，在舞台下方绘制几个"填充颜色"为 "#FFFFFF"的无笔触颜色的椭圆对象作为云朵，并使用任意变形工具调 整形状和角度，如图5-28所示。

图5-28 绘制云朵

第10步 拖动鼠标选中所有的云朵，选择【编辑】/【形状】/【柔化填充边缘】 命令，在打开的对话框中设置"距离"为"10像素"，单击 确定 按 钮，如图5-29所示。

图5-29 编辑云朵

第11步 按【Ctrl+R】组合键，在打开的对话框中选择"壁虎.png"图像（素材参见：素材文件\第5章\壁虎.png），单击 打开(O) 按钮，如图5-30所示。

第12步 使用任意变形工具调整壁虎图像的大小，完成后的效果如图5-31所示。

图5-30 "导入"对话框

图5-31 导入图像效果

5.2.2 绘制小熊和花朵

绘制好动画背景后，接着就需要绘制动画的对象，这里在背景中绘制出花朵和小熊图像，其具体操作如下。

第1步 在工具箱中选择"椭圆工具" ，在"属性"面板的"填充和笔触"栏中单击"填充"按钮 右侧的色块，在打开的面板中单击右上角的 按钮，禁用填充，如图5-32所示。

扫一扫观看视频

第2步 继续在"填充和笔触"栏的"笔触"数值框中输入"3"，如图5-33所示。

图5-32 禁用椭圆填充工具

图5-33 设置笔触大小

第3步 按住【Shift】键不放，在图5-34所示的舞台位置绘制正圆。

图5-34 绘制正圆

第4步 使用相同的方法继续绘制正圆，选择"刷子工具" ，在"工具"面板下方单击"刷子大小"按钮 ，如图5-35所示，在打开的下拉列表中选择第4个选项。

图5-35 设置刷子大小

第5步 在"属性"面板中单击填充色块，在打开的面板中选择蓝色，如图5-36所示。

第6步 在工具箱中选择"吸管工具" ，将填充颜色设置为黄色（#FFCC33），然后在绘制的圆形图像上单击，填充黄色，如图5-37所示。

图5-36　设置刷子填充颜色　　　　图5-37　填充颜色

第7步　在舞台中绘制小熊的眼睛，然后更改刷子的大小为第6大小，继续绘制小熊的鼻子，效果如图5-38所示。

第8步　在"工具"面板中选择"铅笔工具" ，在"属性"面板中单击笔触右侧的色块，在打开的面板中选择白色，将铅笔工具的笔触颜色设置为白色，然后使用铅笔工具在眼睛和鼻头上进行涂抹，添加高光，如图5-39所示。

图5-38　绘制眼睛和鼻头　　　　图5-39　增加高光

第9步　在"工具"面板中选择"钢笔工具" ，在其"属性"面板中将笔触颜色设置为灰色（#999999），笔触大小为"2"。

第10步　在舞台中绘制鼻子和嘴的纹路，如图5-40所示。继续使用钢笔工具绘制小熊的身体，如图5-41所示。

图5-40　绘制嘴巴　　　　图5-41　绘制身体

第11步 选择"铅笔工具" ✏️，在"工具"面板下方单击"铅笔模式"按钮，在打开的下拉列表中选择"平滑"选项，然后在舞台中直接涂抹，为小熊绘制手和脚，如图5-42所示。

第12步 选择"填充工具" 🪣，将身体颜色填充为黄色，然后使用选择工具选择鼻子，将填充颜色更改为白色（#FFFFFF），如图5-43所示。

图5-42　绘制手和脚　　　　　图5-43　更改鼻子颜色

第13步 拖动鼠标选择小熊，将其移动到下方的草地上，在工具箱中选择"钢笔工具" 🖋️，设置笔触颜色为青色（#00FF00），然后在草地上拖动鼠标绘制花茎，如图5-44所示。

第14步 设置填充颜色为蓝色（#66FFFF），绘制一个花瓣并填充颜色，然后通过复制和旋转得到花朵；再绘制一个圆形图案，填充为黄色（#FFCC33），并将其放在花瓣中间，将花朵组合在一起。

第15步 设置笔触颜色为草绿色（#339900），然后绘制一片草叶子，通过复制粘贴得到多片叶子，再使用任意变形工具调整位置，完成后效果如图5-45所示。

第16步 利用【Shift】键选择花朵，按【Ctrl+G】组合键组合，然后复制多个，并调整大小，移到合适位置，效果如图5-46所示。

图5-44　绘制花茎　　　　图5-45　绘制花朵　　　　图5-46　复制花朵

第17步 使用"铅笔工具" ✏️，按照前面介绍的方法绘制花朵，完成后的效果如图5-47所示。

第18步 选择绘制的花朵，复制多个，并调整大小到合适位置，效果如图5-48所示（最终效果参见：效果文件\第5章\动画场景.fla）。

图5-47　绘制小红花　　　　　　　图5-48　复制小红花

5.3

制作"飞机起飞"动画

　　Flash动画型课件的特点就在于能够让枯燥的画面动起来。在幼儿园课件设计中，将Flash动画引入课件，将提高课件质量，提升幼儿学习兴趣，活跃课堂氛围。前面学习了动画对象的绘制，本节将通过制作"飞机起飞"动画来具体讲解Flash动画的基本知识和在Flash CS6中制作动画的方法，参考效果如图5-49所示。

图5-49　"飞机起飞"动画效果

5.3.1　Flash动画的基本知识

　　Flash动画是通过时间轴上对帧的顺序播放，实现各帧中舞台实例的变化而产生动画效果，动画的播放快慢是由帧频控制的。Flash包含多种类型的动画制作方法，为用户创作精彩的动画内容提供了多种可能。

1.　Flash动画的基本类型

　　通过Flash可制作逐帧动画、补间形状动画、传统补间动画、补间动画、遮罩动画和引导动画等。这些动画类型在Flash中经常使用，且操作起来相对简单。各种动画的特点和效果如下。

● **逐帧动画**：逐帧动画通常由多个连续关键帧组成，通过连续表现关键帧中的对象，从而产生动画的效果，如图5-50所示。

● **补间形状动画**：补间形状动画是通过Flash计算两个关键帧中矢量图形的形状差异，并在关键帧之间自动添加变化过程的一种动画类型，如图5-51所示。

图5-50　逐帧动画

图5-51　补间形状动画

● **传统补间动画**：传统补间动画是根据同一对象在两个关键帧中的位置、大小、Alpha和旋转等属性的变化，由Flash计算自动生成的一种动画类型，其结束帧中的图形与开始帧中的图形密切相关，如图5-52所示。

● **补间动画**：使用补间动画可设置对象的属性，如大小、位置和Alpha等。补间动画在时间轴中显示为连续的帧范围，默认可以作为单个对象进行选择，如图5-53所示。

图5-52　传统补间动画

图5-53　补间动画

● **遮罩动画**：遮罩动画由遮罩图层和被遮罩图层组成，缺一不可。遮罩图层位于上方，是用于确定显示区域的图层；被遮罩图层位于遮罩图层下方，两种图层之间不能有其他图层间隔，被遮罩图层是用于放置待显示图像的图层。图5-54所示为使用遮罩动画前的效果和使用遮罩动画后的效果。

图5-54 遮罩动画

- **引导动画**：引导动画就是运用引导层绘制路径，可以使补间实例、组或文本块沿着这些绘制的路径运动，与通过绘制运动路径制作补间动画的效果相似。但创建引导图层时，可以将多个层链接到一个运动引导层，使多个对象沿同一条路径运动。链接到运动引导层的常规层就称为引导层。除此之外，引导层上的线条不会在动画播放时出现，所以不需要另外删除。引导动画必须具备两个条件：一是路径，二是在路径上运动的对象。一条路径上可以有多个对象运动，引导路径都是一些静态线条，在播放动画时路径线条不会显示。

2. **各种动画在时间轴上的标识**

Flash通过在包含内容的每个帧中显示不同的指示符来区分时间轴中的逐帧动画和补间动画，如图5-55所示。各类型动画的时间轴特征如下。

- **补间动画**：是一段具有蓝色背景的帧。范围中第一帧的黑点表示补间范围分配有目标对象，黑色菱形表示最后一个帧和任何其他属性关键帧。
- **传统补间动画**：带有黑色箭头和浅紫色背景，起始关键帧处为黑色圆点。
- **补间形状动画**：带有黑色箭头和淡绿色背景，起始关键帧处为黑色圆点。
- **不完整动画**：用虚线表示，是断开或不完整的动画。

图5-55 各类型动画的时间轴特征

5.3.2 制作补间动画

补间动画是通过为一个帧中的对象属性指定一个值，并为另一个帧中的相同属性指定另一个值所创建的动画。Flash自动计算这两个帧之间的属性值。创建补间动画的对象类型包括影片剪辑、图形、按钮元件及文本字段。下面使用补间动画来制作飞机和云朵的移动效果。

扫一扫观看视频

第1步 新建一个尺寸为1000像素×680像素、颜色为"#0066FF"的空白文档，选择【文件】/【导入】/【导入到库】命令，将"飞机"文件夹（素材参见：素材文件\第5章\飞机\）中的所有文件导入到库中，如图5-56所示。

图5-56 "导入到库"对话框

第2步 在"库"面板中选择"背景.jpg"图像，按住鼠标左键将其拖动到舞台中，单击"对齐"按钮，在打开的"对齐"面板中单击选中"对齐到舞台"复选框，然后单击"水平中齐"按钮和"垂直中齐"按钮，效果如图5-57所示。

图5-57 添加并设置背景

第3步 选择【插入】/【新建元件】命令，打开"创建新元件"对话框，在其中设置"名称"和"类型"分别为"浮云1"和"影片剪辑"，如图5-58所示。

第4步 此时将进入元件编辑界面，在"库"面板中将"云.png"图像拖入舞台中间并缩小，如图5-59所示。

图5-58　新建"浮云1"动画

图5-59　编辑第1帧

第5步 在"时间轴"面板的第360帧处单击定位插入点，然后选择【插入】/【时间轴】/【关键帧】命令，或直接按【F6】键在此处插入关键帧，然后使用选择工具将图像向右边移动。

> **小知识**
>
> 选择【插入】/【时间轴】命令，在弹出的子菜单中选择"帧"命令，或直接按【F5】键，将插入一个新帧；选择"空白关键帧"命令，或直接按【F7】键将插入一个空白关键帧。另外，在"时间轴"面板上单击鼠标右键，在弹出的快捷菜单中也可选择相应的命令来完成帧的创建。

第6步 将鼠标移动到第1~360帧中间单击，选择【插入】/【传统补间】命令，为第1~360帧创建传统补间动画，如图5-60所示。

第7步 使用相同的方法新建"浮云2"影片剪辑，在"库"面板中将"云.png"图像拖入舞台中间并缩小，在第200帧处插入关键帧，使用选择工具将图像向右下角移动，再将第1~200帧转换为传统补间动画，如图5-61所示。

图5-60　创建传统补间动画

图5-61　为"浮云2"创建传统补间动画

第8步　单击"场景1"超链接，返回主场景，在第360帧处插入关键帧，在"时间轴"面板左下角单击"新建图层"按钮，新建"图层2"，将"浮云1"元件移动到舞台左上角，在第360帧处插入关键帧，将元件移动到舞台右边，将第1~360帧转换为传统补间动画，如图5-62所示。

第9步　新建"图层3"，将"浮云2"元件移动到舞台上方，在第360帧处插入关键帧，将元件移动到舞台右边，将第1~360帧转换为传统补间动画，如图5-63所示。

图5-62　编辑"图层2"

图5-63　编辑"图层3"

第10步　新建"飞机"影片剪辑，在元件编辑窗口中将"飞机.png"图像从"库"面板中移动到舞台中，如图5-64所示。

小知识　由于后面操作中会将飞机图像制作为补间动画，所以这里需要先将飞机图像制作为元件，否则不能实现补间动画。

第11步　返回场景1，在"时间轴"面板左下角单击"新建图层"按钮新建"图层4"。将"飞机"元件移动到舞台的左下角处，旋转元件，打开"变形"面板，设置"飞机"元件的"缩放宽度"和"缩放高度"都为"45.0%"，如图5-65所示。

第12步　将鼠标定位到时间轴的"图层4"中，单击鼠标右键，在弹出的快捷菜单中选择"创建补间动画"命令，创建补间动画，如图5-66所示。

图5-64 创建飞机元件

图5-65 设置飞机属性

第13步 在"时间轴"面板中选择第360帧，使用鼠标将飞机元件向舞台右上角移动，并旋转元件，在"变形"面板中设置"飞机"元件的"缩放宽度"和"缩放高度"都为"30.0%"，如图5-67所示。

图5-66 创建补间动画

图5-67 编辑补间动画

第14步 在"图层4"的第100帧处插入关键帧。沿运动路径向右上角移动飞机，在第130帧处插入关键帧，继续沿运动路径向右上角移动飞机，如图5-68所示。

图5-68 调整飞机的移动路径

补间动画的补间范围和属性关键帧，与传统补间和补间形状动画有一定区别。补间范围是时间轴中的一组帧，其舞台上对象的一个或多个属性可以随着时间而改变，补间范围在时间轴中显示为有蓝色背景的单个图层中的一组帧。可将这些补间范围作为单个对象进行选择，并从时间轴中的一个位置拖到另一个位置，包括拖到另一个图层。在每个补间范围中，只能对舞台上的一个对象进行动画处理。属性关键帧是在补间范围中为补间目标对象显示定义一个或多个属性值的帧，定义的每个属性都有自己的属性关键帧。如果在单个帧中设置了多个属性，则每个属性的属性关键帧会驻留在该帧中。用户可以在动画编辑器中查看补间范围的每个属性及其属性关键帧。

5.3.3　制作传统补间动画

　　Flash中的传统补间动画与补间动画类似，但在某种程度上，其创建过程更为复杂，也不那么灵活。在传统补间动画中，用户可以在动画的重要位置定义关键帧，Flash会创建关键帧之间的帧内容，由于Flash文档会保存每一个关键帧中的形状，所以只应在插图中有变化的位置处创建关键帧。

扫一扫观看视频

第1步　单击"新建图层"按钮　新建"图层5"，然后打开提供的"花朵.fla"素材文件（素材参见：素材文件\第5章\飞机\花朵.fla），选中其中的花朵，将其复制到"飞机起飞"文件中，如图5-69所示。

第2步　选择玫瑰花的两片花瓣，按【Ctrl+C】组合键复制，然后新建"图层6"，将花瓣粘贴到图层6中。

第3步　新建"图层7"，选择玫瑰花图形，然后将其粘贴到图层7中，通过任意变形工具调整玫瑰花大小和形状，效果如图5-70所示。

图5-69　添加玫瑰花图形

图5-70　添加其他玫瑰花

第4步 选择一朵花，按【Ctrl+G】组合键群组，单击鼠标右键，在弹出的快捷菜单中选择"转换为元件"命令，打开"转换为元件"对话框，按照图5-71所示进行设置。

第5步 单击"新建图层"按钮，新建"图层8"，将"花朵1"元件拖入到舞台中合适的位置，然后选择"任意变形工具"，将中心点移动到花茎下方，如图5-72所示。

图5-71　转换为元件　　　　　　　图5-72　调整关键点

小知识 需要注意的是，这里将花朵图像转换为元件是为了便于后面创建传统补间动画，而将中心点移动到下方，则是为了使花朵飘动效果更好。

第6步 保持花朵选中状态，分别在第90帧、第180帧、第270帧和第360帧处按【F6】键添加关键帧，选择第90帧，旋转花朵，如图5-73所示。

第7步 选择第270帧，向右旋转花朵，如图5-74所示。

图5-73　设置第90帧　　　　　　　图5-74　设置第270帧

第8步 在图层8中选择第1帧，在其上单击鼠标右键，在弹出的快捷菜单中选择"传统补间"命令，为第1～90帧创建传统补间动画，如图5-75所示。

第9步 使用相同的方法为其他帧创建传统补间动画，完成后的效果如图5-76所示。

图5-75　创建传统补间动画

图5-76　创建其他帧的传统补间动画

第10步 使用第5步～第9步的方法继续为其余图层中的花朵创建传统补间动画，如图5-77所示。

第11步 选择图层7，单击"删除图层"按钮🗑将其删除，效果如图5-78所示。

图5-77　创建其他图层的传统补间动画

图5-78　删除多余的图层

5.3.4　制作遮罩动画

通过改变图层的属性，用户可以轻松地制作遮罩动画。遮罩动画在Flash动画中广泛使用，遮罩是一个合格的动画制作者必须掌握的动画方式。制作遮罩动画的具体操作如下。

第1步 选择"图层5"，然后新建一个图层，在第120帧处插入一个空白关键帧，将"花朵.fla"中的小熊图像复制到该帧处，并调整到合适位置，如图5-79所示。

第2步 在第360帧处创建一个关键帧，然后调整小熊位置和大小，效果如图5-80所示。

扫一扫观看视频

图5-79　编辑小熊动画开始效果

图5-80　调整小熊的位置和大小

第3步　选择第120帧，为其创建一个传统补间动画，然后新建一个图层，在第120帧处插入关键帧。

第4步　选择"椭圆工具" ，在舞台上绘制一个椭圆，然后使用任意变形工具的封套功能对其进行变形编辑，完成后的效果如图5-81所示。

第5步　选择新建的图层，在其上单击鼠标右键，在弹出的快捷菜单中选择"遮罩层"命令，完成后的效果如图5-82所示。

图5-81　绘制椭圆

图5-82　设置遮罩层

小知识

并不是所有位于遮罩图层下方的图层都会自动转换为被遮罩图层，如果遮罩图层下方的图层不是被遮罩图层，可将其转换为被遮罩图层。其方法：双击需要转换为被遮罩图层的图层，在打开的"图层属性"对话框中单击选中"被遮罩"单选项，单击 确定 按钮。

5.3.5　制作引导动画

引导动画可分为只能对单一图层作用的普通引导动画和可以作用于多个图层的多层引导动画。运用一个引导层同时引导多个被引导层中的对象的动画称为多层引导动画。在制作引导动画时，默认引导层只能引导其下一个图层中的对象，如果要使引导层能够引导多个图层中的对象，可将图层拖动到引导层的下方或更改图层属性使其能够和引导层之间产生一种链接的关系，从而实现被引导。下面将在"飞机起飞"文档中通过创建引导动画来制作蝴蝶飞舞的效果，其具体操作如下。

扫一扫观看视频

第1步 选择【插入】/【新建元件】命令，在打开的对话框中设置"名称"和"类型"分别为"蝴蝶1"和"影片剪辑"，单击 确定 按钮，进入元件编辑窗口。

第2步 在"库"面板中将"蝴蝶1.png"图片拖入舞台，按【Ctrl+B】键分离图像，框选左边的翅膀部分，按住【Ctrl】键的同时向空白处拖动复制翅膀，选择"橡皮擦工具" 擦除翅膀的多余部分，效果如图5-83所示。

第3步 框选处理好的翅膀，按住【Alt+Shift】组合键的同时向空白处拖动复制翅膀，选择【修改】/【变形】/【水平翻转】命令，得到右侧的翅膀部分，如图5-84所示。

第4步 框选住左边的和右边的翅膀部分，按【Ctrl+G】组合键将其组合。按【F8】键打开"转换为元件"对话框，在其中设置"名称"和"类型"分别为"红色蝴蝶"和"影片剪辑"，单击 确定 按钮，如图5-85所示。

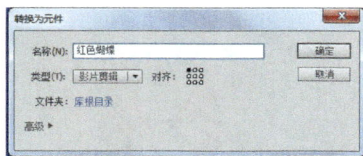

图5-83 复制一边翅膀　图5-84 复制另外一边翅膀　　　图5-85 转换为元件

第5步 使用相同的方法框选蝴蝶的身体部分，按住【Ctrl】键的同时向空白处拖动复制身体，选择"橡皮擦工具" 擦除身体的多余部分。框选处理好的身体部分，使用相同的方法将其转化为影片剪辑元件"身体1"，如图5-86所示。

图5-86 转换元件

第6步 删除导入的png图像，使元件中心点与舞台中心点重合，如图5-87所示。

图5-87 使元件与舞台中心重合

第7步 在第3帧处插入关键帧，在"变形"面板中将"红蝴蝶"图形的"缩放宽度"设置为"53%"，高度保持不变，并使元件中心点与舞台中心点重合，如图5-88所示。

第8步 选择第1帧和第2帧，单击鼠标右键，在弹出的快捷菜单中选择"创建补间动画"命令，创建第1段动作补间动画，如图5-89所示。

图5-88 缩放元件

图5-89 创建补间动画

第9步 在第5帧处插入空白关键帧，在第1帧上单击鼠标右键，在弹出的快捷菜单中选择"复制帧"命令，再在第5帧上单击鼠标右键，在弹出的快捷菜单中选择"粘贴帧"命令，将第1帧中的内容复制到第5帧中，如图5-90所示。

第10步 在第7帧和第9帧处插入空白帧，使用相同的方法分别将第3帧中的内容复制到第7帧，第5帧中的内容复制到第9帧，并在第3帧、第5帧和第7帧上创建动作补间动画，效果如图5-91所示。

图5-90　复制帧

图5-91　创建其他补间动画

第11步　新建"图层2"，在第1帧中将"身体1"元件拖入场景中，使元件中心点与舞台中心点重合，如图5-92所示。

第12步　在第3帧处插入关键帧，在"变形"面板中将"身体1"元件的"缩放宽度"设置为"47%"，高度保持不变，并使元件中心点与舞台中心点重合，如图5-93所示。

图5-92　添加身体1

图5-93　缩放身体

第13步　在第1帧和第2帧上单击鼠标右键，在弹出的快捷菜单中选择"创建补间动画"命令，创建第1段动作补间动画，如图5-94所示。

第14步　在第5帧处插入空白关键帧，在第1帧上单击鼠标右键，在弹出的快捷菜单中选择"复制帧"命令，在第5帧上单击鼠标右键，在弹出的快捷菜单中选择"粘贴帧"命令将第1帧中的内容复制到第5帧中。在第7帧和第9帧处插入空白关键帧，使用相同的方法分别将第3帧中的内容复制到第7帧，再将第5帧中的内容复制到第9帧，并在第3帧、第5帧和第7帧上创建动作补间动画，效果如图5-95所示。

图5-94　添加补间动画

图5-95　设置其他补间动画

第15步 返回主场景，选择【插入】/【新建元件】命令，在打开的对话框中设置"名称"和"类型"分别为"蝴蝶2"和"影片剪辑"，单击 确定 按钮，进入元件编辑窗口。

第16步 将"蝴蝶2.png"图片拖入场景中，按两次【Ctrl+B】组合键将图片分离。按之前的方法创建"绿色蝴蝶"和"身体2"图形元件，再按之前的方法制作"蝴蝶2"影片剪辑元件。

第17步 返回主场景，新建"图层27""图层28"，选择"图层28"，在其上单击鼠标右键，在弹出的快捷菜单中选择"添加传统运动引导层"命令，如图5-96所示。

第18步 选择第1帧，选择"铅笔工具" ，将"笔触颜色"设置为"绿色"（#00FF00），在舞台上绘制两条未封闭的曲线条，如图5-97所示。

图5-96　添加传统引导图层

图5-97　绘制引导路径

第19步 将"图层27"拖入引导图层中，将其转换为引导图层，效果如图5-98所示。

第20步 选中"图层27"的第1帧，将"蝴蝶1"元件拖入舞台中。在"变形"

面板中设置"缩放宽度"和"缩放高度"为"10%"和"10%"，移动元件使其中心点与曲线的起始点重合，如图5-99所示。

图5-98 转换图层27

图5-99 编辑蝴蝶1元件

第21步 选中"图层27"第360帧，将"蝴蝶1"拖到曲线的末尾处，并对其角度进行旋转，使元件的中心点吸附到曲线上。选择第1～360帧为其创建传统补间动画，效果如图5-100所示。

第22步 选择第1帧，在"属性"面板中，单击选中"调整到路径"复选框。

第23步 选择"图层3"的第1帧，将"蝴蝶2"元件拖入场景中，在"变形"面板中设置"缩放宽度"和"缩放高度"为"10%"和"10%"，使其中心点和外面的曲线起始点重合，如图5-101所示。

图5-100 编辑图层27的第360帧

图5-101 调整蝴蝶2的飞行路径

小知识 若想蝴蝶飞舞得更自然，可在"图层27""图层28"中多次插入关键帧并根据引导线的路径走向对"蝴蝶1""蝴蝶2"的角度进行调整。在引导层的第40帧处插入帧是为了使动画播放的过程中都有背景图片和引导线。

第24步 选中"图层4"第360帧，将"蝴蝶2"元件拖到曲线的末尾处，并对其角度进行适当旋转，使元件的中心点吸附到曲线上。在"图层3"的第1帧上创建动作补间动画。

第25步 选择引导层，在第360帧处创建一个关键帧，然后按【Ctrl+S】组合键保存文件，如图5-102所示。

图5-102　完成补间动画的创建

5.3.6　添加声音

声音是Flash动画的重要组成部分之一，直接关系到动画的表现力和效果。再完美的动画如果没有声音的配合，也会显得苍白无力。因此，可以说声音的添加让一些特殊的动画效果变得更加巧妙。Flash在声音的控制上越来越强大，不仅可以和动画同时播放，还可以在时间轴上连续播放，让动画变得更加完美。下面将在"飞机起飞"文档中添加声音，其具体操作如下。

扫一扫观看视频

第1步 新建图层并重命名为"声音"。选择"声音"图层，从"库"面板中将"背景音乐.mp3"音频拖动到舞台中，如图5-103所示。

第2步 在"属性"面板中单击 ✎ 按钮，打开"编辑封套"对话框，在音频波段处单击添加几个封套手柄，分别调整手柄位置，单击 确定 按钮，如图5-104所示（最终效果参见：效果文件\第5章\飞机起飞.fla）。

> **小知识**
>
> 单击"编辑封套"对话框下方的 ▶ 按钮可试听编辑效果，单击 ■ 按钮可终止试听效果。在对话框中，标尺以上为左声道，标尺以下为右声道，都能单独设置不同的音量。

图5-103　添加声音

图5-104　编辑声音

5.4

制作游戏场景

　　Flash动画中出现的人物行走这类动画，一般都很少使用工程量浩大的逐帧动画制作，而是选择使用骨骼动画进行制作。使用骨骼动画制作运动类物体时，并不需要专门针对物体的各个部分单独制作骨骼，因此在制作时不但减少了制作时间，还减轻了难度。本节将通过制作一个游戏场景来介绍骨骼动画的制作方法，参考效果如图5-105所示。

图5-105　游戏场景效果

5.4.1　认识骨骼动画

　　骨骼动画也叫反向运动，是使用骨骼关节结构对一个对象或彼此相关的一组对象进行动画处理的方法。使用骨骼后，元件实例和形状对象可以按复杂而自然的方式移动，即只需做很少的设计工作。通过反向运动可以更加轻松地创建人物动画，如胳膊、腿和面部表情。

在Flash中也可以向单独的元件实例或单个形状的内部添加骨骼。在一个骨骼移动时，与启动运动的骨骼相关的其他连接骨骼也会移动。使用反向运动进行动画处理时，只需指定对象的开始位置和结束位置。通过反向运动，可以使制作的动画运动更加自然。

骨骼链称为骨架。骨架可以是线性的或分支的。在父子层次结构中，骨架中的骨骼彼此相连，其中源于同一骨骼的骨架分支称为同级；骨骼之间的连接点称为关节。

在Flash中可以按两种方式创建骨骼动画，其方法如下。

- 第一种方式：向形状对象的内部添加骨架，可以在合并绘制模式或对象绘制模式中创建形状。通过骨骼，可以移动形状的各个部分并对其进行动画处理，而无须绘制形状的不同版本或创建补间形状。如向简单的蛇图形添加骨骼，使蛇逼真地移动和弯曲。

- 第二种方式：通过添加将每个实例与其他实例连接在一起的骨骼，用关节连接一系列的元件实例。骨骼允许元件实例连接在一起移动。如有一组影片剪辑，其中的每个影片剪辑都表示人体的不同部分，若将躯干、上臂、下臂和手连接在一起，可以创建逼真移动的胳膊，也可以创建一个分支骨架里包括两个胳膊、两条腿和头。

5.4.2 制作骨骼动画

在向形状或元件添加骨骼时，Flash将形状或元件以及关联的骨架移动到时间轴中的新图层，该新图层称为姿势图层。每个姿势图层只能包含一个骨架及其关联的实例或形状，其具体操作如下。

扫一扫观看视频

第1步 新建一个尺寸为1200像素×750像素，颜色为#339999的空白动画文档，将"游戏场景"文件夹（素材参见：素材文件\第5章\游戏场景）中的所有文件导入到库中。从"库"面板将"背景.jpg"图像移动到舞台中间，如图5-106所示。

第2步 选择【插入】/【新建元件】命令，打开"创建新元件"对话框。设置"名称"和"类型"分别为"角色动作"和"影片剪辑"，单击 确定 按钮，如图5-107所示。

第3步 从"库"面板中将"翅膀.png""腿.png""尾巴.png""身体.png""喇叭.png"图像拖动到舞台上。缩放大小后，调整各图像位置，组成小鸟的形状，如图5-108所示。

图5-106　导入图片和调整背景

图5-107　创建新元件

第4步　选择"身体.png"图像，按【F8】键，打开"转换为元件"对话框，在其中设置"名称"和"类型"分别为"身体"和"图形"，如图5-109所示。

第5步　单击 确定 按钮。使用相同的方法，将"翅膀.png""腿.png""尾巴.png""喇叭.png"图像等都转换为元件，并以图像名称命名。

图5-108　组合对象

图5-109　转换为元件

第6步　选择所有的元件，再选择"骨骼工具" ，使用鼠标在元件上拖动绘制骨骼，如图5-110所示。

第7步　选择第30帧，按【F6】键插入姿势，如图5-111所示。

图5-110　创建骨架

图5-111　插入姿势

第8步 使用"选择工具" 调整骨架位置，在第60帧处插入**姿势**，并调整其位置，如图5-112所示。

第9步 由于右翅膀移动得太夸张，需要对骨骼进行约束。选择连着右翅膀的骨骼，打开"属性"面板，在"联接：X平移"栏中单击选中"启用"和"约束"复选框，设置"最小""最大"分别为"-32.0""3.0"；在"联接：Y平移"栏中单击选中"启用"和"约束"复选框，设置"最小""最大"分别为"-16.1""21.0"，如图5-113所示。

图5-112　调整骨骼动作　　　　　图5-113　为骨骼设置约束

第10步 选择姿势图层，打开"属性"面板，在其中设置"类型"为"简单（最快）"，如图5-114所示。

> **小知识**
> 设置缓动类型是为了让动画运动过程更加细腻、逼真，在制作这类动画时，可对每个姿势帧设置不同的缓动类型，将有效提高动画的逼真度。

第11步 返回主场景，在第120帧处插入关键帧。新建"图层2"，选择第1帧，将"鸡蛋1.png"图像移动到舞台左下角，并调整其大小，在第8帧处插入关键帧，如图5-115所示。

第12步 在第9帧处插入关键帧，单击"绘图纸外观"按钮 ，将"鸡蛋2.png""鸡蛋3.png"图像移动到舞台上，缩放大小，并与第8帧的图形重叠起来，如图5-116所示。

第13步 选择"鸡蛋3.png"图像，按【F8】键打开"转换为元件"对话框，设置"名称""类型"分别为"蛋壳""图形"，单击 确定 按钮，如图5-117所示。

图5-114 设置缓动类型

图5-115 编辑图像

图5-116 编辑第9帧

图5-117 设置转换元件的参数

第14步　在舞台上选择"蛋壳"元件，选择【插入】/【补间动画】命令，创建"图层3"补间动画图层。

第15步　单击"绘图纸外观"按钮 ，关闭绘图纸功能，在第20帧处插入关键帧，将"蛋壳"元件翻转后移动到地面上，在"图层2"的第20帧处插入关键帧，如图5-118所示。

第16步　在"图层2"的第21帧处插入关键帧。从"库"面板中将"鸡蛋3.png""鸡蛋4.png"图像移动到舞台中，缩放大小并与上一帧中的蛋壳位置重合。在第20帧处插入关键帧，如图5-119所示。

图5-118 插入关键帧

图5-119 在第20帧处插入关键帧

第17步 在"图层1"上方新建"图层4"，在第21帧处插入空白关键帧。

第18步 从"库"面板中将"角色动作"元件移动到舞台中左边的蛋壳中，并缩放大小。选择【插入】/【补间动画】命令，插入补间动画。在第50帧处插入属性关键帧，将小鸡移动到地面上，如图5-120所示。

第19步 分别在"图层4"的第65、第72、第100、第114帧处插入属性关键帧，并移动小鸡的位置。使用"选择工具" ![图标] 调整补间路径，如图5-121所示。

图5-120　创建补间动画

图5-121　调整补间动画路径

第20步 在"时间轴"面板中将"帧率"设置为"12.00fps"，按【Ctrl+Enter】组合键测试动画。发现动画中小鸡的动作过于缓慢，不易发现有变化，如图5-122所示。

第21步 关闭测试对话框，双击"角色动作"元件，进入元件编辑窗口。在时间轴上，使用鼠标拖动第60帧，向第24帧移动，如图5-123所示（最终效果参见：效果文件\第5章\游戏场景.fla）。

图5-122　预览动画效果

图5-123　调整骨骼动画长度

5.5

制作青蛙跳游戏

幼儿园课件中使用的Flash动画主要是为了让幼儿能够通过动态的卡通图像表达方式来学习要求的教学内容。在Flash动画中，通过添加ActionScript 3.0语句可以对动画进行控制，能够更好地实现教学目的。本节将综合前面所学知识，并结合ActionScript 3.0语句制作青蛙跳的游戏，幼儿可以通过单击游戏中的小青蛙，让小青蛙们都到荷叶对面即表示通关成功，主要锻炼幼儿的动手能力和逻辑思维能力。参考效果如图5-124所示。

图5-124　青蛙跳游戏效果

5.5.1　认识"动作"面板

ActionScript是一种脚本语言，动画制作者可以通过它制作出具有交互性的动画效果。正由于拥有ActionScript脚本语言，Flash才有别于其他动画软件，使得许多非动画制作的程序员也着迷于它。因为它不仅可以制作交互动画，更可以制作许多特效动画。

编辑ActionScript脚本语言的主要操作基本都是在"动作"面板中进行的，所以在学习ActionScript语言前需先认识其编辑的场所。选择【窗口】/【动作】命令或按【F9】键，打开图5-125所示的"动作"面板，通过"动作"面板可以对ActionScript语句进行编写。

1. 动作工具箱

动作工具箱用于存放ActionScript可用的所有元素分类。使用鼠标单击动作工具箱中的类、方式、属性等，可轻松地将其加入程序段中，这是编程新手经常使用的编辑方法。此外，使用鼠标单击🔁按钮，将打开隐藏的类、方式、属性集合。

图5-125 "动作"面板

2. 脚本编辑窗口

脚本编辑窗口用于存放已编辑的ActionScript语句。若需添加或修改ActionScript语句，只需选中帧后，打开"动作"面板，在脚本编辑窗口中输入或修改ActionScript语句即可。

3. 工具栏

为了提高编辑速度，工具栏集合了编写脚本经常使用的工具按钮，工具栏中各工具按钮的作用如下。

- "添加"按钮 ⊕：用于添加脚本。单击该按钮，在打开的下拉列表中可将选择的新属性、事件、方法添加到语句中。
- "查找"按钮 ⊘：单击该按钮，在打开的"查找和替换"对话框中可以设置需要查找和替换的函数、变量等。
- "插入"按钮 ⊕：单击该按钮，在打开的"插入目标路径"对话框中可以设置调用的影片剪辑或其变量。
- "语法检查"按钮 ✔：单击该按钮，可检查输入的表达式是否有问题。检查出的结果会显示在"编译器错误"面板中。
- "自动套用格式"按钮 ▤：单击该按钮，可以对程序代码段格式进行规范。规范程序代码段可以使输入的程序段更易阅读。
- "显示代码提示"按钮 ⊞：选择函数时单击该按钮，将显示对代码的提示信息，在阅读代码时常会使用到。
- "调试"按钮 ⅋：单击该按钮，可插入或改变断点。
- "折叠"按钮 ⁑：单击该按钮，可将程序代码段中大括号中的所有内容折叠起来。
- "折叠所选"按钮 ⁑：单击该按钮，可将所选的程序代码段折叠起来，这样能更有针对性地对代码进行编辑。

- "展开"按钮：单击该按钮，将折叠的程序段展开。
- "应用块注释"按钮：单击该按钮，可注释多行代码。添加注释以便于学习、维护程序代码。
- "应用行注释"按钮：单击该按钮，可注释单行代码。
- "删除注释"按钮：单击该按钮，可删除程序段中的注释。
- "显示/隐藏工具箱"按钮：单击该按钮，可显示或隐藏动作工具箱。
- "代码片段"按钮：单击该按钮，将打开"代码片段"面板，在其中可以添加Flash中已集成的代码片段。
- "脚本助手"按钮：单击该按钮，将打开脚本助手功能，帮助初学者编辑程序代码。

4. 脚本导航器

脚本导航器用于标注显示当前Flash动画中哪些动画帧添加了ActionScript脚本。通过脚本导航器可以方便地在动画中添加了ActionScript脚本的动画帧之间切换，在调试脚本时经常使用。

5.5.2 制作元件

通常在制作动画前，会先将动画中需要的对象创建为元件，以方便后面调用，其具体操作如下。

第1步 选择【文件】/【打开】命令，打开"游戏.fla"文档（素材参见：素材文件\第5章\游戏.fla）。选择【插入】/【新建元件】命令，打开"创建新元件"对话框。在其中设置"名称"和"类型"分别为"复位"和"按钮"，进入元件编辑窗口。

扫一扫观看视频

第2步 选择"矩形工具"，在"工具"面板下方设置"笔触颜色""填充颜色"分别为"无""浅蓝（#66CCFF）"。打开"属性"面板，设置矩形的边角半径为"20"，将鼠标移动到舞台中，绘制大小为110像素×23像素的圆角矩形，如图5-126所示。

第3步 选择"文本工具"T，在"属性"面板中设置"系列""大小""颜色"分别为"微软雅黑""15""白色（#FFFFFF）"，在绘制的图形上方输入"重新开始"文字，如图5-127所示。

第4步 选择【插入】/【新建元件】命令，打开"创建新元件"对话框，设置"名称""类型"分别为"过关""影片剪辑"。进入元件编辑窗口，从"库"面板中将"复位"元件拖入到舞台的中心位置。在"属性"面板中

图5-126　绘制圆角矩形

图5-127　输入文字

设置"实例名称"为"replay"。

第5步　新建"图层2"，在"属性"面板中将动画的背景颜色设置为"黑色（#000000）"。选择文本工具，在"属性"面板中设置"系列""大小""颜色"分别为"微软雅黑""27""白色（#FFFFFF）"，在绘制的图形上方输入"过关了！"，如图5-128所示。

第6步　重新将动画的背景颜色设置为"白色"。选择【插入】/【新建元件】命令，打开"创建新元件"对话框。在其中设置"名称""类型"为"青蛙""影片剪辑"，进入元件编辑窗口。

第7步　将"qw"图形元件拖入到编辑窗口中，按【F7】键在图层的第3帧和第5帧处插入关键帧，如图5-129所示。

图5-128　输入文字

图5-129　拖入编辑元件

第8步　选择第3帧，将"qw2"图形元件拖入到关键帧中，并调整其位置，然后将第3帧中的"qw"图形删除，如图5-130所示。

第9步　选择第5帧，单击"时间轴"面板下方的"绘图纸外观"按钮 ，拖动绘图纸外观中的控制柄，将其移动到第1帧的位置。此时第1帧和第3帧中的图形将呈半透明显示，移动第5帧中的图形，使其和前两帧中的图形呈一个跳动的过程，如图5-131所示。

图5-130　编辑第3帧

图5-131　移动图形元件

第10步　新建"图层2"，在第6帧处插入关键帧，选择"图层1"中第1个关键帧中的图形元件，按【Ctrl+C】组合键将其复制，回到图层2的第6帧中，按【Ctrl+Shift+V】组合键将复制的图形原位置粘贴。

第11步　在"图层2"的第8帧、第10帧和第12帧处插入关键帧，使用相同的方法分别将第8帧和第10帧中的图形元件换为"qw1""qw2"，并移动关键帧中图形的位置，使第6帧到第12帧中的图形呈一个大的跳跃。选择"图层1"的第12帧，插入关键帧，如图5-132所示。

第12步　新建"图层3"，打开"动作"面板，在第1帧中输入"stop();"语句，在第5帧中输入"this.x+=99.5;this.gotoAndPlay(1);"语句，在第12帧中输入"this.x+=199;this.gotoAndPlay(1);"语句，效果如图5-133所示。

图5-132　编辑图形元件

图5-133　新建并编辑"图层3"

第13步　在"库"面板中用鼠标右键单击"青蛙"元件，在弹出的快捷菜单中选择"直接复制"命令，在打开的"直接复制元件"对话框中修改元件的名称为"青蛙1"，单击 确定 按钮。

第14步　选择【插入】/【新建元件】命令，打开"创建新元件"对话框。在对话框中设置"名称""类型"分别为"台阶""影片剪辑"，进入元件编辑窗口。在"库"面板中将"树叶.png"图形拖入到舞台中。返回到主场景中，将"图层1"锁定并新建"图层2"。

5.5.3 布置场景

将整个动画中要使用的元件都创建完成后，用户需要对场景进行进一步布局设置，并拖动场景中的元件设置实例名称，以方便调用，其具体操作如下。

扫一扫观看视频

第1步 选择【插入】/【新建元件】命令，打开"创建新元件"对话框。在对话框中设置"名称""类型"分别为"台阶""影片剪辑"，进入元件编辑窗口。在"库"面板中将"树叶.png"图形拖入到舞台中，缩小图像。返回到主场景中，将"图层1"锁定并新建"图层2"。

第2步 将"台阶"影片剪辑拖入"图层2"并将其复制6个，然后缩放大小并旋转，如图5-134所示。

第3步 将图层的名称改为"台阶"，在"属性"面板中将复制的影片剪辑元件以从左到右的顺序依次改名为"p1""p2""p3""p4""p5""p6""p7"。

第4步 新建"图层3"并将名称改为"青蛙"，将"青蛙"元件拖入到图层中，复制两个后移动影片剪辑的位置，使其分别处于"p1""p2""p3"上方，如图5-135所示。

图5-134　复制台阶元件

图5-135　复制并排列青蛙元件

第5步 从"库"面板中将"青蛙1"元件拖入到场景中，将其水平翻转，然后用相同的方法复制并排列元件，如图5-136所示。

第6步 新建一个图层并将其命名为"复位"，将"复位"元件拖入到场景中并将其移动到舞台的正下方，如图5-137所示。

图5-136 导入并复制青蛙元件

图5-137 导入复位元件

第7步 将"过关"元件拖入到场景中，并将其移动到舞台的中上位置。

第8步 在"属性"面板中分别修改"复位"按钮和"过关"影片剪辑的实例名称为"reset"和"success"。

5.5.4 添加语句

当完成动画元件和动画的布局后，用户就可以为动画添加控制语句了，其操作步骤如下。

第1步 新建图层，将其重命名为"AS"，在"动作"面板中添加图5-138所示的语句。

扫一扫看视频

> **小知识**
> 制作Flash动画其实并不需要有很丰富的语言知识，如果用户需要特定的语句，可在网络中下载或调用其他动画中的语句再对其进行修改。

第2步 按【Ctrl+N】组合键，打开"新建文档"对话框，在"类型"选项栏中选择"ActionScript文件"选项，单击 确定 按钮，新建一个名为"frog"的ActionScript文件并在其中添加图5-139所示的语句。

第3步 按【Ctrl+N】组合键打开"新建文档"对话框，选择"ActionScript文件"选项，单击 确定 按钮，新建一个名为"frog1"的ActionScript文件并添加图5-140所示的语句。

第4步 按【Ctrl+N】组合键，打开"新建文档"对话框，在其中选择"ActionScript文件"选项，单击 确定 按钮，新建一个名为"pos"的ActionScript文件并在其中添加图5-141所示的语句。

多媒体课件设计与制作（视频指导版）

```
1  stop();
2  success.replay.addEventListener(MouseEvent.CLICK,resetit);
3  reset.addEventListener(MouseEvent.CLICK, resetit);
4  function resetit(evt:MouseEvent){
5  init();
6  }
7  function init(){
8  p1.sta=1;
9  p2.sta=1;
10 p3.sta=1;
11 p4.sta=0;
12 p5.sta=2;
13 p6.sta=2;
14 p7.sta=2;
15
16 m1.mp=1;
17 m2.mp=2;
18 m3.mp=3;
19 m4.mp=6;
20 m5.mp=6;
21 m6.mp=7;
22
23 m1.x=86.8;
24 m2.x=186.3;
25 m3.x=285.8;
26 m4.x=459.4;
27 m5.x=553.5;
28 m6.x=653.8;
29
30 reset.visible=true;
31 success.visible=false;
32 }
33 init();
34 m1.addEventListener(MouseEvent.CLICK, clickHandler1);
35 function clickHandler1(event:MouseEvent){
36 howto(1);
37 }
38 m2.addEventListener(MouseEvent.CLICK, clickHandler2);
39 function clickHandler2(event:MouseEvent){
40 howto(2);
41 }
42 m3.addEventListener(MouseEvent.CLICK, clickHandler3);
43 function clickHandler3(event:MouseEvent){
44 howto(3);
45 }
46 m4.addEventListener(MouseEvent.CLICK, clickHandler4);
47 function clickHandler4(event:MouseEvent){
48 howto2(4);
49 }
50 m5.addEventListener(MouseEvent.CLICK, clickHandler5);
51 function clickHandler5(event:MouseEvent){
52 howto2(5);
53 }
54 m6.addEventListener(MouseEvent.CLICK, clickHandler6);
55 function clickHandler6(event:MouseEvent){
56 howto2(6);
57 }
58 function howto(i:int){
59 var nowpos=(getChildByName("m"+i) as MovieClip).getMp()
60 if(nowpos+1<8 && !(getChildByName("p"+(nowpos+1)) as MovieClip).getSta()){
61 (getChildByName("m"+i) as MovieClip).moveit();
62 (getChildByName("m"+i) as MovieClip).mp+1;
63 (getChildByName("p"+(nowpos+1)) as MovieClip).sta=1;
64 (getChildByName("p"+nowpos) as MovieClip).sta=0;
65 iscomplete();
66 } else if(nowpos+2<8 && !(getChildByName("p"+(nowpos+2)) as MovieClip).getSta()){
67 (getChildByName("m"+i) as MovieClip).jumpit();
68 (getChildByName("m"+i) as MovieClip).mp+2;
69 (getChildByName("p"+(nowpos+2)) as MovieClip).sta=1;
70 (getChildByName("p"+nowpos) as MovieClip).sta=0;
71 iscomplete();
72 } else {
73 trace("不能");
74 }
75 }
76 function howto2(i:int){
77 var nowpos=(getChildByName("m"+i) as MovieClip).getMp()
78 if(nowpos-1>0 && (getChildByName("p"+(nowpos-1)) as MovieClip).getSta()){
79 (getChildByName("m"+i) as MovieClip).moveit();
80 (getChildByName("m"+i) as MovieClip).mp-1;
81 (getChildByName("p"+(nowpos-1)) as MovieClip).sta=2;
82 (getChildByName("p"+nowpos) as MovieClip).sta=0;
83 iscomplete();
84 } else if(nowpos-2>0 && (getChildByName("p"+(nowpos-2)) as MovieClip).getSta()){
85 (getChildByName("m"+i) as MovieClip).jumpit();
86 (getChildByName("m"+i) as MovieClip).mp-2;
87 (getChildByName("p"+(nowpos-2)) as MovieClip).sta=2;
88 (getChildByName("p"+nowpos) as MovieClip).sta=0;
89 iscomplete();
90 } else {
91 trace("不能");
92 }
93 }
94 function iscomplete(){
95 if(p1.sta==2)
96 if(p2.sta==2)
97 if(p3.sta==2)
98 if(p4.sta==0)
99 if(p5.sta==1)
100 if(p6.sta==1)
101 if(p7.sta==1)
102 reset.visible=false;
103 success.visible=true;
104 }
105 }
```

图5-138　添加语句

```
1  package{
2  import flash.display.MovieClip;
3  import flash.display.Sprite;
4  import flash.events.MouseEvent;
5  public class frog extends MovieClip{
6  public function frog():void{
7  this.buttonMode=true;
8  }
9  public function moveit(){
10 this.gotoAndPlay(1);
11 }
12 public function jumpit(){
13 this.gotoAndPlay(11);
14 }
15 public var mp:int;
16 public function getMp(){
17 return mp;
18 }
19 }
20 }
```

图5-139　添加"frog"文档语句

```
1  package{
2  import flash.display.MovieClip;
3  import flash.display.Sprite;
4  import flash.events.MouseEvent;
5  public class frog1 extends MovieClip{
6  public function frog1():void{
7  this.buttonMode=true;
8  }
9  public function moveit(){
10 this.gotoAndPlay(1);
11 }
12 public function jumpit(){
13 this.gotoAndPlay(11);
14 }
15 public var mp:int;
16 public function getMp(){
17 return mp;
18 }
19 }
20 }
```

图5-140　添加"frog1"文档语句

```
1  package{
2  import flash.display.MovieClip;
3  import flash.display.Sprite;
4  public class pos extends MovieClip{
5  public var sta:int;
6  public function pos():void{
7  }
8  public function getSta(){
9  return sta;
10 }
11 }
12 }
```

图5-141　添加"pos"文档语句

第5步 返回"小青蛙"动画，在"库"面板中选择"青蛙"元件，单击鼠标右键，在弹出的快捷菜单中选择"属性"命令，打开"元件属性"对话框，在"高级"栏中单击选中"为ActionScript导出"复选框，在"类"文本框中输入"frog"，单击 确定 按钮。

第6步 使用相同的方法将"青蛙1"元件与"frog1"文件链接起来，再将"台阶"元件与"pos"文件链接起来，完成青蛙跳游戏动画的制作（最终效果参见：效果文件\第5章\青蛙跳游戏\）。

5.6
课后练习

本章主要介绍了使用Flash制作动画课件的相关知识。在幼儿教学过程中，掌握好Flash动画制作可以为设计与制作话筒课件带来事半功倍的效果。

1. 制作"迷路的小孩"动画

本练习将制作一个"迷路的小孩"动画。首先要创建文档，然后导入素材，综合应用传统补间动画、逐帧动画、补间动画，以及元件的使用方法，完成整个动画的制作，完成后的参考效果如图5-142所示（最终效果参见：效果文件\第5章\迷路的小孩.fla）。

图5-142 "迷路的小孩"动画

2. 制作"龟兔赛跑"动画

本练习将制作"龟兔赛跑"动画。首先启动Flash，使用绘图工具绘制乌龟和兔子的各种形象，然后通过绘图工具对短片中需要使用到的3个场景进行绘制。绘制完成后，在场景中加入乌龟和兔子的卡通形象，并制作补间动画，完成后的最终效果如图5-143所示（最终效果参见：效果文件\第5章\龟兔赛跑.fla）。

图5-143 "龟兔赛跑"动画

5.7

拓展知识

ActionScript 3.0是ActionScript脚本语言中最新的一个版本，也是目前Flash动画中较常使用的脚本语言。使用它运行编译代码能实现最快的速度，简单说来就是能得到更加流畅的画面、更加迅速的动画响应。不能单纯认为ActionScript 3.0是ActionScript 2.0的升级版本，因为二者的理念并不相同，ActionScript 3.0是完全面向对象的脚本语言，而ActionScript 2.0则是部分面向对象的脚本语言。下面将补充介绍"代码片段"面板、对象和鼠标事件的相关知识。

1. "代码片段"面板的使用

为了更快地帮助初学者通过ActionScript脚本制作出需要的简单动画效果，Flash添加了"代码片段"面板，在该面板中集成了很多常用的代码片段。用户只需稍微对ActionScript脚本的语法有所了解，就能快速地使用"代码片段"面板制作出各种动画效果。此外，使用"代码片段"面板输入的脚本下方都有注释语句，用户可以观察代码片段进一步地了解ActionScript脚本的语法规则。

2. 认识对象

ActionScript是一种面向对象的编程语言。组织程序中脚本的方法只有一种，即使用对象。假如定义了一个影片剪辑元件，并已在舞台上放置了该元件，从严格意义上来说，该影片剪辑元件也是ActionScript中的一个对象，任何对象都可以包含3种类型的特性：属性、方法和事件。这3种特性的含义如下。

- **属性**：表示某个对象中绑定在一起的若干数据块中的一个，用户可以像使用各种变量那样使用属性。如song对象可以包含名为artist和title的属性；MovieClip类具有rotation、x、width、height和alpha等属性。

- **方法**：对象中可执行的动作。如影片剪辑可以播放、停止或根据命令将播放头移动到特定帧。

- **事件**：确定计算机执行哪些指令以及何时执行的机制。本质上，事件就是所发生的、ActionScript能够识别并能响应的事情。许多事件与用户交互相关联，如用户单击某个按钮或按键盘上的某个键。如使用ActionScript加载外部图像，有一个事件可以让用户知道图像何时加载完毕。当ActionScript程序运行时，从概念上讲，它只是坐等某些事情发生。发生这些事情时，为这些事件指定的特定ActionScript代码将运行。

3. 鼠标事件

用户可以使用鼠标事件来控制影片的播放、停止以及 x、y、alpha和visible属性等。在ActionScript中用MouseEvent表示鼠标事件，而鼠标事件包括单击、跟随、经过和拖曳等。常用的鼠标事件如下。

- **鼠标单击**：常使用单击按钮来控制影片的播放与属性等操作，用CLICK表示鼠标单击。通过单击按钮btnmc来响应影片mc的属性，如图5-144所示。

- **鼠标跟随**：可以通过将实例x、y属性与鼠标坐标绑定来实现让文字或图形实例跟随鼠标移动。定义函数 txt，值为一串文字，然后让其跟随鼠标，如图5-145所示。

```
import flash.events.MouseEvent;
mc.stop();

function mcx(event:MouseEvent):void
{
    mc.visible = true;
    mc.play();
}
btnmc.addEventListener(MouseEvent.CLICK,mcx);
```

图5-144　鼠标单击

```
var arr=new Array();
var txt = "WLCOME";
var len = txt.length;
for (var j=0; j<len; j++)
{
    var mc=new txtmc();
    arr[j] = addChild(mc);
    arr[j].txt.text = txt.substr(j,1);
    arr[j].x = 0;
    arr[j].y = 0;
}
addEventListener(Event.ENTER_FRAME,run);
function run(evt)
{
    for (var j=0; j<len; j++)
    {
        arr[j].x=arr[i]+(mouseX-arr[j].x)/(1+j)+10;
        arr[j].y=arr[i]+(mouseY-arr[j].y)/(1+j);
    }
}
```

图5-145　鼠标跟随

- **鼠标经过**：常使用鼠标经过来制作一些特效动画，用 MOUSE_MOVE表示鼠标经过，图5-146所示的语句用于鼠标经过时添加并显示实例paopao。

● **鼠标拖曳：** 可以使用鼠标来拖曳实例对象，startDrag表示开始拖曳，stopDrag表示停止拖曳。图5-147所示为对实例对象 ball 进行拖曳。

```
1   var i = 0;
2   var k = 0;
3   var del = false;
4   var pao:Array=new Array();
5   //定义pao为数组对象。
6   function run(evt)
7   {
8       K++;
9       if (k == 10)
10      {
11          var pp=new paopao();
12          pao[i] = addChild(pp);   //添加并显示实例
13          pao[i].x = mouseX;
14          pao[i].y = mouseY;
15          i++;
16          if (i == 10)
17          {
18              i = 0;
19              del = true;
20          }
21          k = 0;
22      }
23  }
24  addEventListener(MouseEvent.MOUSE_MOVE,run);
```

图5-146　鼠标经过

```
1   ball.addEventListener(MouseEvent.MOUSE_DOWN,run);
2   function run(evt)
3   {
4       ball.startDrag();
5   }
6   ball.addEventListener(MouseEvent.MOUSE_UP,run);
7   function run(evt)
8   {
9       ball.stopDrag();
10  }
```

图5-147　鼠标拖曳

第 6 章
微课型课件制作

随着教育、教学方式的不断更新发展，微课作为一种新型的教学模式和学习方式为课堂教学带来新的变化，它是一种更高效的教学手段。本章主要介绍微课型课件制作的常用方法和技巧。通过学习，读者能够轻松地根据教学要求，制作出符合教学需要的微课型课件。

6.1

微课概述

微课就是以视频为主要载体，用于记录教师围绕某一知识点或某个教学环节而开展的教学活动过程。在制作微课型课件前，读者需要先了解微课的基础知识。

6.1.1 微课的概念

微课具有教学时间短、内容精、资源容量小等特点。一般的微课时间在5分钟左右，用于将教学内容中的重点、难点和疑点等以视频的方式展现出来。它的设计与制作都从学习者的角度出发，充分体现以学生为主体的教学理念。

1. 微课的特点

微课所讲授的内容具有点状化、碎片化的效果，它是课堂教学的有效补充形式，不仅适合移动学习时代知识的传播，也适合学习者个性化深度学习的需要。在幼儿园教学课件方面，微课主要用于课堂教学或课后辅助。微课通常给特定人群传递特定知识和内容，因此，一堂微课自身需要系统性，而一组微课所表达的知识点则需要全面性。综上所述，微课具有以下特征。

- **授课人讲授性**：讲课的教师可以在视频中出镜，也可以只提供声音。
- **流媒体播放性**：能够使用视频、动画等格式基于网络流媒体播放。
- **教学时间较短**：时间一般为5～10分钟最佳，但不能少于1分钟，最长一般不要超过20分钟。
- **教学内容较少**：所授知识只重点讲解某个学科知识点或技能点。
- **资源容量较小**：适合在移动设备上进行移动学习。
- **精致教学设计**：完全的、精心的信息化教学设计。
- **经典示范案例**：真实的、具体的、典型案例化的教学情景。
- **自主学习为主**：是供学习者自主学习的课程，更是一对一的学习。
- **制作简单实用**：制作途径和制作设备多种多样，以实用为宗旨。
- **配套相关资料**：微课需要配套相关的练习、资源及评价方法。

2. 微课的构成

微课是以教学目标为依据，围绕单一的、严格定义的知识点展开的课程资源，主要包括微课视频、进阶练习和学习任务单3个相互配套的组成部分。下面分别进行介绍。

- **微课视频**：通常用于解释知识点中的重要概念和内容、演示操作的方法和知识应用的讲解等。
- **进阶练习**：与微课视频配套，通常采用在线测试的方法，检查学生对微课视频中的教学内容的掌握程度，是一种基于课程标准的查漏补缺的学习过程。
- **学习任务单**：强调任务驱动和问题导向，将学习任务转化为激发学生思考问题，让学生在解决问题的过程中实现学习目的。

3. 微课的分类

由于微课制作方法和制作设备多种多样，因此可按照不同的分类方法，将微课分为3种，分别介绍如下。

- 按照教学方法不同，可将微课分为讲授类、讨论类、启发类、演示类、练习类、实验类、表演类、自主学习类、合作学习类和探究学习类等，如图6-1所示。

图6-1　按教学方法分类

- 按照教学环节不同，可将微课分为课前复习类、新课导入类、知识理解类、巩固练习类、知识拓展类等，如图6-2所示。

图6-2　按教学环节分类

- 按照制作手段不同，可将微课分为PPT类、录屏类、拍摄类、交互类等，如图6-3所示。

图6-3　按制作手段分类

6.1.2　微课制作流程

在制作微课前，需要先做好准备工作，即了解微课的制作流程。一节完整的微课制作应该包括微课选题、脚本设计、素材准备、微课制作和后期处理等环节，如图6-4所示。

图6-4　制作微课流程

1.　精选微课主题

在幼儿园健康课中选择《我长大了》作为一个知识点设计一节微课，让学生在5分钟内反复观看、清晰识别、深入理解，从而突破课本教学中的难点和重点，具体如表6-1所示。

表6-1　微课选题

准备项目	内容
选题目的	口齿清晰地朗诵儿歌，增强自我意识，体验成长的快乐，激发幼儿发现美、思考美的思维方式
内容来源	幼儿园小班健康课之一"我长大了"
适用对象	幼儿园健康课小班教学
教学目标	阅读儿歌能使幼儿增加文字阅读能力，通过观看视频学习儿歌让孩子体验到成长的乐趣
教学用途	课中讲解、课中游戏、课后思考、其他
知识类型	实验操作型
制作方式	拍摄、演示文稿、动画
预计时间	5分钟

2.　设计教学脚本

选择好教学主题后，就可以根据教学内容对微课的结构和教学环节进行设计了。设计教学脚本有利于厘清教学思路，为制作提供依据。教学脚本设计具体如表6-2所示。

表6-2　设计微课教学脚本

微课结构	教学环节	脚本内容与设计思路
一、片头（5～10秒）	呈现微课基本信息	显示微课主题，主讲教师提供舒缓的背景音乐，营造轻松愉快的学习气氛
二、导入（10～20秒）	揭题设问激趣导入	这里有一个讲述长大了的故事，下面我们来学习一下长大了表现在哪些方面呢（设计媒体情境，引入对应图片）

续表

微课结构	教学环节	脚本内容与设计思路
三、正文讲解	围绕目标逐步引导，提出问题引发思考	利用话筒放映故事，主要有声音朗诵、文字显示、相关图片呈现
		教师介绍长大了的特征，存在哪些变化
		教学生学习故事中的生字
四、小结	扩展练习，教学回顾，引发思考	练习：阅读故事、每个小孩讲一项长大了的变化
		思考：发散幼儿思考，长大后要干什么
五、练习	课后知识点巩固练习	练习故事中出现的生字，并能够口齿清晰地朗读出来

3. 准备微课素材

脚本旁白、图片、视频、音乐和音效是制作微课的重要组成要素，教学脚本设计完成后，确定所需的媒体文件，就要开始准备制作需要的文字、图像、声音、动画、视频等内容了。准备素材时可以从图6-5所示的几个方面进行收集。

脚本旁白
确定课程的主题，赋予课程内涵。语言要简洁、有吸引力。

图片、视频
微课程内容的视觉呈现要画面清晰，内容精简，富有感染力。

音乐、音效
调节微课程的氛围，一般以轻音乐为主。

图6-5 微课的素材构成要素

- **文字准备：** 微课讲解中需要的文字可以在文字处理软件中输入与编辑，如Word、WPS等，这些文字处理软件通常可以设置字体、字号、颜色等。大部分的话筒课件制作软件也都支持文字的录入与编辑。

- **图像准备：** 制作者可直接在网络中搜索下载微课中需要使用的图片，也可以使用数码相机拍摄。获取的图像通常还需要通过图像处理软件，如Photoshop、美图秀秀、光影魔术手等进行构图裁剪、大小调整、亮度调节与对比度调整等。

- **声音准备：** 微课中使用的声音素材同样可以直接从网上搜索下载，或使用计算机话筒录制声音。但最后还需要通过音频处理软件，如Audition、Gold Wave等来剪切长度、去除噪声、添加合成等。

- **动画准备：** 微课中使用到的动画素材也可以在网上搜索下载得到，还可以使用专门的动画制作软件，如Flash等自行制作动画。初学者也可以将下载的素材动画进行第二次加工，修改出更加符合教学要求的个性化动画。

● **视频准备**：微课中要使用的视频素材可以在网上搜索下载，还可以使用数码相机拍摄。但拍摄的视频通常都需要经过视频处理软件，如会声会影等进行剪切和编辑操作才能在课件中使用。

4. 制作微课视频

根据使用的微课视频制作手段和技术的不同，其呈现方式也不同。通常可分为拍摄型微课、录屏型微课、交互型微课和混合型微课。例如，录屏型微课在完成音频和摄像头、屏幕像素、灯光设计、环境调试、熟悉演讲、厘清思路等准备工作后，教师只需要按下"录制"键，借助屏幕录制软件，即可完成微课视频的自动录制。

5. 完善后期制作

完善后期制作主要包括对已经录制好的视频进行编辑、美化和保存，包括把视频片头和片尾的空白部分剪除，为视频的片头和片尾添加背景音乐等。

仔细检查浏览微课，对于细节部分，如间隔时间太长、时间太短、标题不合理、镜头变化不自然等都可以进行修改。

6.1.3 微课制作方法

前面介绍了微课的制作工具多种多样，根据制作工具的不同，在制作方式上又分为软件屏幕录制、数码设备拍摄制作和综合类混合制作等。这些制作方式虽不同，但最终输出的文件格式都需要适合网络视频的播放。

1. 软件屏幕录制制作方式

以录屏为主的微课制作一般由授课人独立完成。常用的录屏型微课制作软件如图6-6所示，其中，Camtasia Studio屏幕录制软件不仅可以录制，还可以进行微课后期的编辑，如添加片头、字幕、视频剪辑、视频特效、添加配音、消除噪声等。

图6-6 常用屏幕录制软件

2. 数码设备拍摄制作方式

以拍摄为主的微课制作主要采用数码摄像机、数码相机、摄像头以及智能平板和手机等完成，如图6-7所示。通过这些仪器对教学过程进行拍摄，然后使用视频编辑软件处理生成微课。

图6-7　数码拍摄设备

3. 其他类型的微课制作方式

除了上面介绍的微课制作方式外，还可以使用交互式Articulate、综合型 Captivate、"可汗学院"平台、"微讲台"软件制作微课等，如图6-8所示。

图6-8　其他类型的微课制作方式

6.1.4　微课制作环境

在制作话筒课件之前，必须先选择合适的开发环境，主要包括硬件环境和软件环境的选择。要制作出符合教学要求的话筒课件，必须先了解微课制作常用的硬件设备，掌握相关的软件操作。

1. 微课制作辅助的硬件设备

在设计和开发微课前，除了必不可少的计算机和录像机设备外，还需要购买相关的专业辅助设备，如方便演示操作的无线鼠标激光笔，录音效果较好的电容式话筒，用于录制屏幕板书的手写数位板等设备，具体如图6-9所示。

图6-9　微课制作常用的辅助硬件设备

2. 微课制作常用的软件

微课制作工具是多种多样的，表6-3分别列举了常用的微课制作软件。

表 6-3　常用的微课制作软件

软件类别	软件名称	软件简介
录屏式微课制作软件	Camtasia Studio	Camtasia Studio 是美国 TechSmith 公司出品的屏幕录像和编辑软件套装，该软件提供了强大的屏幕录像、视频编辑、视频菜单制作、视频剧场和视频播放功能等，能够方便地进行屏幕操作的录制和配音、视频的剪辑和转场动画、添加文字说明字幕和水印、制作视频封面和菜单，以及视频压缩和播放等操作
	屏幕录像专家	屏幕录像专家是一款专业的屏幕录像制作工具，使用它可以轻松地将屏幕上的软件操作过程、网络教学课件、网络电视、网络电影、聊天视频等录制成 Flash 动画、ASF 动画、AVI 动画或者自动播放的 EXE 动画
交互式微课制作软件	Adobe Captivate	Adobe Captivate 软件可以让任何具备编程知识或话筒技术的人员能够真正快速地制作出功能强大、引人入胜的仿真、软件演示、基于场景的培训和测验。使用软件时，通过简单地单击用户界面和自动化功能，即可轻松记录屏幕的操作、添加交互式学习方式、创建具有反馈选项的复杂分支场景
白板上微课制作软件	SmoothDraw	SmoothDraw 是一款具有和 Painter 类似绘画质量的自然绘画软件，具有许多可调整的画笔、纸张材质模拟，支持多重线条平滑反走样、透明处理和多图层功能，还支持压感绘图笔，以及图像调整和特效等。其优点是简单易用、上手快速、体积小。支持的画笔除了铅笔、钢笔、粉笔、蜡笔、喷枪、毛刷、图片喷管外，还有调整照片的明暗笔、模糊笔、锐化笔，以及 Painter 玩家上色平滑必备的水模糊笔。在图像调整方面，集合了所有图像调整的常用功能，还支持多种特效，支持各种绘图板
微课制作其他辅助工具	会声会影	会声会影是最简单好用的 DV、影片剪辑软件，具有图像抓取和编制功能，能够抓取并转换 MV、DV、V8、TV，实时记录抓取画面文件，提供至少 100 多种的编制功能和效果，可以导出多种常用的视频格式，还可以直接制作成 DVD 和 VCD 光盘，支持各种编码，如音频和视频编码
	格式工厂	格式工厂是一款多功能的话筒格式转换软件，可实现大多数视频、音频和图像不同格式之间的相互转换，还能够实现设置文件输出配置、增添数字水印等功能

6.2

制作"认识数字"微课

在幼儿园话筒微课的制作中，要能够实现教学目标，微课制作一定要新颖，吸引幼儿兴趣。本例将使用手机拍摄一段在笔记本上书写1～9的数字的视频，然后通过Camtasia Studio软件对其进行编辑，主要是添加视频封面、剪辑视频、添加标注、编辑声音、输出微课等操作，参考效果如图6-10所示。

图6-10　认识数字微课

6.2.1　使用手机拍摄微课

手机是现代社会中最常见的通信设备，这里使用手机的拍摄功能来制作，因此，要求准备的手机具有摄像功能。对于微课拍摄，摄像性能越好的手机，制作出的视频效果越好。其优点是设备门槛低，只要创意好，在注意光线和声音的前提下，非专业人士也可以拍摄出优秀的微课。

1. 拍摄准备

在进行微课拍摄前，还需要准备手机支架固定手机，并使用胶带固定出一个拍摄的范围，最后还要准备纸张和彩色画笔，具体操作如下。

第1步　拍摄微课前，准备手机、手机支架、纸张、胶带、裁纸刀、彩色画笔等基础设备，如图6-11所示。

图6-11　准备基础设备

第2步 先将手机支架下方固定到桌子边缘，调整支架角度，然后将手机固定到支架上，调整手机拍摄角度，如图6-12所示。

图6-12　固定手机

第3步 使用胶带在桌面上粘贴一个矩形区域，以便于手机拍摄时能够定位显示区域范围，如图6-13所示。

图6-13　粘贴显示区域

2. 开始拍摄

完成拍摄前的准备工作后，就可以使用手机进行拍摄了，其具体操作如下。

第1步 打开手机拍摄软件，调整拍摄区域，设置焦距，然后单击手机的拍摄按钮，即可开始进行拍摄，如图6-14所示。

图6-14　设置拍摄区域

第2步　授课教师在胶带固定的区域内进行操作，并将需要的教学用品放在拍摄区域内，不要超出拍摄区域，如图6-15所示。

图6-15　注意拍摄区域

第3步　在授课时要注意操作的动作节奏，尤其是手在书写时，最好不要上下移动，否则会导致画面模糊。

第4步　拍摄时，注意头部不要遮挡镜头，手上不要带饰品，因为这些物品在微课中出现容易干扰幼儿学习的注意力，如图6-16所示。

图6-16　干扰拍摄的物品

第5步　拍摄时，如果室内光线不足，在不干扰拍摄的前提下，可使用台灯类的光源对拍摄区域进行增加亮度的操作，提高视频画面的明亮度。

第6步　在录制过程中，按手机上拍摄软件的暂停键即可暂停拍摄，再按一次，则可重新开始拍摄。

第7步　微课录制结束后，按拍摄软件的停止键就可以完成拍摄，然后使用手机登录QQ，打开"我的电脑"界面，单击"图片"按钮🖼，在打开的列表中选择拍摄的视频，然后单击"发送"按钮 发送(15)，将所拍摄的视频发送到QQ上，如图6-17所示。

图6-17　通过QQ发送视频

第8步　在计算机上登录QQ，然后打开传送对话框，显示上传到本地的文件，单击"打开文件夹"超链接，即可打开文件所在的位置，如图6-18所示。

图6-18　下载到计算机

6.2.2　使用Camtasia Studio编辑微课

　　Camtasia Studio是一款专业的微课制作软件，这里使用Camtasia Studio软件来对录制的"认识数字"视频进行编辑。

1．导入视频文件

　　在使用Camtasia Studio进行编辑前，需要先将录制好的视频文件导入到Camtasia Studio中，其具体操作如下。

扫一扫观看视频

第1步 在桌面上双击Camtasia Studio图标 ![C], 启动Camtasia Studio, 打开"欢迎使用"界面, 在其中直接单击"导入媒体"按钮 ![图标], 如图6-19所示。

第2步 打开"打开"对话框, 选择录制的视频文件, 单击 打开(O) 按钮, 如图6-20所示。

图6-19　单击"导入媒体"按钮

图6-20　选择视频文件

> **小知识**
>
> 选择【文件】/【导入媒体】命令或直接按【Ctrl+I】组合键也可以打开"打开"对话框。另外, 若不想在启动Camtasia Studio时打开"欢迎使用"界面, 可取消选中"在启动时显示此对话框"复选框。

第3步 此时, 选择的视频文件将导入到Camtasia Studio中, 并在素材区中显示。

2. 剪辑视频

视频导入后, 可对视频进行浏览, 若发现有效果不佳的地方, 可将其分割删除, 其具体操作如下。

第1步 在素材区将视频文件拖动到下方的"轨道1"上, 并将其拖动到"轨道1"的开始处, 如图6-21所示。

第2步 在"视频预览区"上单击"播放"按钮 ![播放], 预览视频, 如图6-22所示。

扫一扫观看视频

图6-21　将素材拖入轨道1

图6-22　预览视频

第3步　观察发现，视频一开始稍有停顿，将视频播放到合适的位置处，单击"分割"按钮，如图6-23所示。

图6-23　分割视频

第4步　此时，视频将被分割为两个部分，选择前面不需要的部分，单击"剪切"按钮，如图6-24所示。

图6-24　剪切视频

第5步　剪切视频后，前面将出现一段空白区域，将鼠标移动到后面的视频上，按住鼠标左键，将其向左拖动到轨道1的开始处，如图6-25所示。

图6-25　连接视频

> **小知识**
>
> 也可以直接在时间轴上通过拖动滑块定位时间，需要注意的是，为了精确时间，可以通过"放大"按钮 🔍、"缩小"按钮 🔍 来缩放时间轴的时间标尺。

第6步　选择【文件】/【保存项目】命令，将剪辑后的视频保存到项目文件中。

3. 变焦设置

在制作视频的过程中，可通过变焦设置来实现突出屏幕中某区域的内容。变焦设置主要是通过在时间轴上添加关键帧来添加变焦点，然后设置变焦比例、时间段以及变焦区域，具体操作如下。

扫一扫观看视频

第1步　在时间轴中将控制条移动到需要设置变焦区域的位置处，单击"变焦"选项卡，然后在视频预览区拖动控制点调整变焦区域，如图6-26所示。

图6-26　添加变焦并调整变焦区域

第2步　使用上面介绍的方法为其他需要添加变焦的地方添加变焦操作。

> **小知识** 对于需要还原变焦的地方，可将播放控制条移动到需要还原变焦的位置，将预览区的控制点调整到原视频窗口大小，并在"尺寸"文本框中输入"100"即可。

4. 添加标注

为录制的视频添加标注，可以让幼儿在观看微课时注意教学的重点和难点内容，还可以实现一些特殊的显示效果，其具体操作如下。

扫一扫观看视频

第1步 在时间轴上将播放控制条移动到需要添加标注的位置，然后单击"标注"选项卡，在"形状"列表框中单击"圆形"标注，然后在"文本"列表中输入"注意写法"文字。

第2步 在编辑栏中设置字体为"微软雅黑"，字号为"36"，单击"加粗"按钮 **B**，然后在视频预览区中将标注拖动到右上角，如图6-27所示。

图6-27　添加标注

第3步 将鼠标移动到时间轴上，拖动结束的时间标记到图6-28所示的位置，设置标注在视频中的显示时间。

图6-28　修改标注显示时间

第4步 将视频的播放控制条移动到视频开始位置，发现左上角视频画面有缺陷，在"形状"下拉列表中选择"Blur"形状，然后单击 添加标注(A) 按钮，在视频预览区将添加一个模糊的标注，拖动鼠标调整标注大小和位置，效果如图6-29所示。

图6-29 模糊视频不佳的部分

5. 编辑声音

使用Camtasia Studio可以为编辑处理后的视频添加声音，并对声音进行降噪处理。在添加背景音乐时，可设置音乐大小、淡入淡出等效果，使其更加完美，具体操作如下。

第1步 单击"语音旁白"选项卡，在其中拖动"输入级别"栏中的滑块调整麦克风的高低音，再单击 ● 开始录制(R) 按钮，如图6-30所示。

扫一扫观看视频

第2步 声音录制完成后单击 停止录制(R) 按钮，将打开"保存旁白为"对话框，在其中设置保存路径，然后单击 保存(S) 按钮，如图6-31所示。

图6-30 开始录音

图6-31 停止录音并保存文件

第3步 单击"音频"选项卡，在其中单击 音量增大(L) 按钮，如图6-32所示。

第4步 单击选中"启用噪声去除"复选框，展开"高级"项目，单击 自动噪音修整 按钮，如图6-33所示。

图6-32　增加音量

图6-33　自动去除噪声

6. 输出微课视频

按照Camtasia Studio视频生成向导操作，可以将制作的微课导出为所需的视频文件格式，其具体操作如下。

第1步 在工具栏中单击 🎬 Produce and share ▾ 按钮，打开"生成向导"对话框，在下拉列表中选择"自定义生成设置"选项，单击 下一步(N) 按钮，如图6-34所示。

扫一扫观看视频

第2步 单击选中"WMV-Windows Media视频"单选项，然后单击 下一步(N) > 按钮，如图6-35所示。

图6-34　打开"生成向导"对话框

图6-35　选择视频格式

第3步 单击"配置文件"右侧的下拉按钮▼，在打开的下拉列表中选择图6-36 所示的选项，然后单击 下一步(N) 按钮。

第4步 在打开的"视频大小"界面中单击选中"自定义大小"单选项，然后在 其中按照图6-37所示进行设置，完成后单击 下一步(N) 按钮。

图6-36 选择配置文件

图6-37 设置视频大小

第5步 在打开的界面中单击选中"嵌入到HTML视频"复选框，然后单击 下一步(N) 按钮，如图6-38所示。

第6步 在打开界面中的"项目名称"文本框中输入"认识数字"文本，然后单击 完成 按钮，如图6-39所示，完成微课视频文件的制作（最终效果参见： 效果文件\第6章\认识数字\）。

图6-38 设置是否嵌入到HTML视频

图6-39 输入视频名称

6.3

课后练习

本章主要介绍了微课型课件的制作方法，具体介绍了使用手机拍摄微课和使用Camtasia Studio编辑视频的方法。学好这些知识，将有利于教师设计出更加符合教学需要、形式更新颖的话筒课件。

1. 拍摄折纸微课型课件

本练习将使用日常生活中的智能手机拍摄一个关于"手工折纸"的微课视频，完成后的参考效果如图6-40所示（最终效果参见：效果文件\第6章\手工折纸.mp4）。

图6-40 手机拍摄微课

2. 编辑"手工折纸"微课

本练习将使用Camtasia Studio为视频添加片头和声音，以及设置焦距等，完成后的效果如图6-41所示（最终效果参见：效果文件\第6章\手工折纸.camproj）。

图6-41 Camtasia Studio编辑微课

6.4

拓展知识

下面补充介绍拍摄微课的其他相关知识。

1. 手机拍摄微课的方法

使用手机拍摄微课除了采用固定式垂直拍摄的方法外，还可以采用固定式水平拍摄的方法对计算机屏幕进行拍摄，如录制一些教师难以下载的视频或动画课件的播放过程。固定式水平拍摄方法与固定式垂直拍摄方法操作相似，这里不再赘述。

2. 拍摄微课时的光线处理

微课大多是在教室里使用的，为了有较好的投影效果，常常需要拉上窗帘，关掉投影仪前面的灯光，当教室处于这种环境时，幼儿的学习效率并不高，可通过以下3种方式来解决问题。

- **后期补拍和编辑**：在首次拍摄时，教师的面部曝光可设置为基准进行曝光，多角度进行切换实录，然后对有投影的位置进行细节的补拍，通过插入、编辑的方式将补拍的细节编辑到第一次拍摄的视频中，设置好过渡即可。

- **区域布光法**：对于视频中活动比较频繁的区域使用较强的布光，而在有投影的区域使用较暗的布光。这些布光最好采用聚光灯来实现，还可以使用追光来实现。

- **改善投影仪的质量**：尽可能地选择高亮度、高分辨率的投影仪，从根本上解决曝光不足和曝光过度的问题。